大迁徙

纪录片《大迁徙》摄制组 编著

中华书局大众图书分社 整理

中 华 书 局

图书在版编目(CIP)数据

大迁徙/纪录片《大迁徙》摄制组编著;中华书局大众图书分社整理. —北京:中华书局,2013.6
ISBN 978 - 7 - 101 - 08978 - 3

Ⅰ.大…　Ⅱ.①纪…②中…　Ⅲ.移民－历史－中国－古代－通俗读物　Ⅳ.D691.2－49

中国版本图书馆 CIP 数据核字(2012)第 250453 号

书　　名	大迁徙
编 著 者	纪录片《大迁徙》摄制组
整 理 者	中华书局大众图书分社
责任编辑	陈　虎　娄建勇　刘树林
出版发行	中华书局
	(北京市丰台区太平桥西里 38 号　100073)
	http://www.zhbc.com.cn
	E-mail:zhbc@ zhbc.com.cn
印　　刷	北京瑞古冠中印刷厂
版　　次	2013 年 6 月北京第 1 版
	2013 年 6 月北京第 1 次印刷
规　　格	开本/700×1000 毫米　1/16
	印张 14¾　字数 100 千字
印　　数	1－8000 册
国际书号	ISBN 978 - 7 - 101 - 08978 - 3
定　　价	45.00 元

目 录

第一集　迁徙之源

他们来自何方？

不同的体貌特征和语言如何帮助他们寻找祖先的身影？

当专家学者把现代遗传学对准中华民族的起源时，

往事被一一呈现。

二千多年前，当罗马帝国在地中海崛起的时候，龙的传人也在东方中原地区孕育着一个强大的汉王朝。今天，龙的传人遍布世界各地。然而，越是远播的种子，回归母体的愿望就越是强烈。二十世纪以来，大批海内外华人来到中原地区寻根问祖。

但是，除了一些声名响彻世界的宏伟建筑，祖先的身影似乎已被岁月打磨殆尽，这些虔诚地将中原视作故乡的人们，操着不同的语言，而且体貌各异，他们的根真的在中原吗？让我们暂且将这一问题搁置，而将目光投向中国的南方。

被称为中国古代教科书的《三字经》，至今还在闽、粤、赣山区传诵着。长久以来，这里的客家人仍然保留着传统的古老习俗。

福建宁化石壁有一座古老的廊桥叫"温孙桥"，据石壁老人回忆，曾经，迁了又迁的移民就是踏着这座桥走向各地的。

福建宁化温孙桥

专家学者认为，如果闽、粤、赣客家人的祖先真的来自遥远的中原，那他们就理应与中原文化存在着某种渊源。

每年春节，福建宁化老温家一直习惯以观看花灯这样的方式表达自己的情感，并固执地遵守和延续着众多属于他们自己的生活习俗。

与福建老温一样，正月十五这天，居住于河南偃师的陈汉青一家，也以燃放鞭炮和观看地方戏这种传统的文化习俗来庆祝一年一度的元宵佳节。

两地的传统节日透露出这样的信息：福建的温氏与河南的陈氏有着共同的风俗习惯。然而，当我们真正把两者联系在一起时，发现他们之间又存在着许多差异。

福建宁化民俗

福建宁化温氏祠堂

　　如同众多把中原当作故乡的人们一样，除了千差万别的语言发音，不同的体貌特征也使两者完全割裂开来。如果福建温氏的祖先来自北方中原，那么这些外在的差别又是如何产生的呢？

　　一切探索，应该从中华民族的起源开始。

　　每年，众多黄皮肤黑眼睛的人们来到中原地区祭祖上香，向被称为炎、黄二帝的雕像叩拜。这些寻根问祖的人几乎囊括了中国百家姓的所有姓氏。我们还不知道他们的祖先为何要离开这里，又如何改变了自身的容颜，但我们知道，中原这片黄色的土地就是中华民族的发祥地。

福建宁化温氏家族祭祖

千万年来，黄河，这条仿佛巨龙身躯的大河，用来自上游高原的泥沙改造着中原的面貌，也将时间掩埋在了黄土之下。

考古和文献证实，自远古时代，中原地区就有人类活动的遗迹。据专家考证，"中原"一词最早出现在先秦的文献中，当时指原野的意思。到了春秋战国以后，"中原"泛指今河南省为主的黄河中下游地区。

福建老温与河南老陈头像对比

河南郑州炎、黄二帝雕像

河南淮阳百姓祭祀伏羲

黄河边抽烟袋的老人

　　古人云：得中原者得天下。作为黄河流域的政治、经济、文化中心，中原是历代王朝建都最多的地域，先后有二十多个朝代、两百多位帝王在此定都。

　　黄色的泥土并不芬香，但它却使一切生根发芽。龙的传人在这里繁衍生息，中华民族就诞生在这片土地之上。

　　然而，历史却在这片土地之上给我们留下了一个巨大的问号。千百年后，我们已经无法从语言和外表来辨认这些身处各地的华人同这片土地之间的关系。于是，一些记录祖先信息的族谱就成了他们同故乡联结的纽带。

　　在印度洋上毛里求斯这个远离大陆的岛国，许多人还保留着祭祖上香的古老习俗，并留存着祖上遗留的物品。陈旧的物品，维系着大洋彼岸的故乡之情。根据毛里求斯华人回忆，他们祖上都是明清时期从中国东南沿海辗转来此谋生的，那么他们同中原又有什么关系呢？

毛里求斯华人纪念碑

毛里求斯仁合会馆内牌位

毛里求斯唐人街石碑

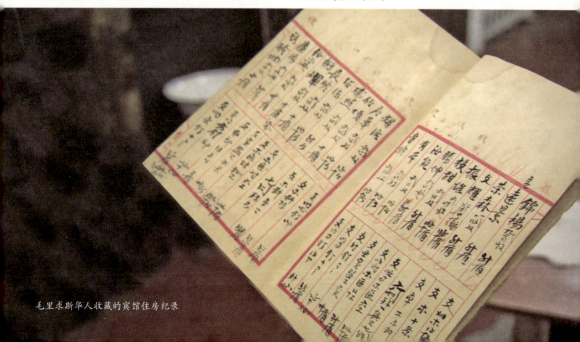

毛里求斯华人收藏的宾馆住房纪录

在路易港的仁和会馆中，供奉有众多华人祖先的牌位。一位来此悼念的黄氏老人回忆，他们祖上是从广东梅县漂洋过海来此开家立业的。

岁月沧桑，在大洋另一端的大陆，我们还能找到他们祖先留下的痕迹吗？

今天，历史悠久的中国大陆到处奏响着现代化的乐章，但是在深圳这个南方新兴的城市里，依然能够看到与现代建筑风格迥异的古老房屋。

深圳一片名为"长隆世居"的灰砖院落，是黄氏祖上留下的遗产，但它并非黄氏家族的祖地。

操着一口浓厚南方方言的黄氏老人认为，他们最早的

黄杰宇（深圳黄氏后人）：黄氏宗祠叫做坑子（地名）黄氏宗祠。坑子黄氏宗祠从哪迁来呢？当时中原混乱，我们就迁到湖北，又从湖北江夏迁到福建，再从福建来到广东梅县，最后来到深圳坑子，来到这个坑子已经三百多年了。

广东深圳黄氏先祖牌位

广东深圳客家祠堂外的老人

祖先来自千里之外的北方中原，而他们是从福建迁移到广东的。黄氏祠堂冠名为江夏堂，据黄氏老人说，各地所有黄氏祠堂都名为"江夏堂"。那么，这个"江夏"到底隐含着怎样的故事呢？

按照黄氏后人的描述，我们在河南固始找到了一座富丽堂皇的黄氏总庙。这里不仅供奉着黄氏先祖，百家姓中大部分的姓氏都能在此找到祖上的牌位。

从这里黄氏谱牒的记载获悉，黄氏祖上是黄帝第二子的后代，西周时被分封的领地都城在今河南颍川，而黄氏家族在楚地江夏(今湖北武昌)繁衍生息，因此有"天下黄姓出江夏"之说。

从地理上看，固始正好处于中原与南方各地的结合部，如果中原移民南下，这里就是理想的中转站。而他们一旦进入南方，所面临的首要问题就是与北方完全不同的气候环境。分子人类学家发现，气候的变化可能就是导致中原人进入南方后体貌特征发生改变的原因。

但是，专家很快发现问题并不是这样简单。历史上中国南方虽然比北方开发要晚很多，但绝非不毛之地。史料记载，南国的土地很早就生活着土著居民，这在遗传学上也得到了证明。南迁遗民与当地人通婚诞育后代或许才是导致现代南、北方不同人群体貌差异的原因。

移民学专家葛剑雄先生认为，研究一个民族的属性和发展，最重要的依据就是文化的传承。

陈学文(河南固始根亲文化研究会会长)：固始处在江淮之间的淮河流域。中原历史上的大迁徙都和固始息息相关。

李辉(复旦大学生命科学学院教师)：相貌的遗传是一个非常复杂的东西，跟我们生活的气候、温度关系很大。

李辉：在线粒体母系的遗传结构上面，我们看到南方和北方略有不同，但是没办法确定是气候影响还是混血影响。

葛剑雄(复旦大学中国历史地理研究所教授)：每年都有大批的人到黄帝陵、炎帝陵祭祖，那么他们到底寻的是什么根呢？实际上我认为，他们寻的是一个民族文化的根。

河南祭祖

在春节这个中国最重要的传统节日里，河南老陈总要撰写对联以祝福家境平安、企盼来年风调雨顺；而在千里之外的福建老温家里，贴上一副类似的对联，同样是节日安康的重要内容。虽然文字不尽相同，但其文化内涵却一脉相承。

有人说，现代闽南话和客家话更接近古代汉语。客家人有句名言：宁卖祖宗田，不卖祖宗言。那么，这些难懂的方言，同中原古汉语究竟有无关联呢？

语言学家郑张尚芳教授认为，如果能够还原中原古代王朝的语音律，就可以找到古代汉语与现代方言之间的关系，这就如同古生物学家通过一颗牙齿复原猿人面貌一样。

从古代汉语到现代方言经历了漫长的演变过程，但无论其怎样变化，都离不开母体文化的影响。然而，要确立母体文化的最初形态并不简单。

1987年，在河南濮阳的一次考古发掘中，考古工作者发现了一条由蚌壳组成的龙的形象。六千多年前龙的形象出现在黄河中游，我们的祖先在这里，将图腾的符号演绎成为中华文化的很多特质，尽管岁月沧桑，这些特征不曾改变。

如今，龙的形象遍布四海，中华民族也因此被称为"龙"的传人。在闽、粤、赣山区，每年的春分时节都会有龙灯表演。回到闽、粤、赣山区过年的年轻人在老一辈的传、帮下，将这种长龙阵式的表演继承下来，并代代相传。

文化的摇篮，就是语言文字的诞生之地。一百多年前，在河南安阳境内，一系列震惊世界的考古发现，使我们能够认识汉语的最初形态。

河南濮阳蚌龙

河南濮阳"中华第一龙
出土地"石碑

　　奢华的墓地，向人们展现了早期王朝的过去。这里出土的刻在龟甲、兽骨上的文字虽然晦涩难懂，却使我们第一次认识到了汉字的原始形态。

　　从甲骨文到篆书、隶书、楷书，从中原古汉语到现代方言，虽然语言文字经历了复杂的转变过程，但每一次变化都

河南安阳"甲骨文发现地"石碑

河南安阳文字博物馆

是从最初形态演化而来。

　　根据古语声母、韵母的发音规律变化，郑张尚芳教授制作出了上古音系，从而重现了中古发音的古诗音律。现在我们终于可以比较古代方言同现代方言之间的异同了。

　　一些被现代人视为最难懂的方言，就这样和中原王朝的
官话雅音联系起来。但是，这并非事件的全貌。经过仔细对
比发现，不光客家话和闽南话遗留有中原官话的遗韵，整个
南方许多地区的方言，都和古代汉语有着千丝万缕的联系；
并且，现代方言同古代汉语之间，也有着不同程度的变异。

　　曾几何时，众多中原移民踏入南国的土地，经过漫长岁
月，他们当中许多人容颜已改，而且形成了各具特色的地方
语言。

　　建筑专家发现，在建筑技艺上，南、北方也有着很多相
似的地方。三千多年前黄土地上的人们发现，黄土被夯实和
压紧后如石头般坚硬。在郑州，用这样的夯土方式建造的墙
体，已经存在了三千多年，至今不曾损坏。也许并非巧合，
这种夯土技术，同样出现在了远隔千里之外的南国土地。很

河南郑州商代遗址

福建永定土楼

多年以来，福建永定这片山地最显著的标志，就是土楼和围拢屋。土楼的外墙，甚至它的内墙，也是用夯土技术造成的。

然而，当夯土技术被搬到这片大山之中以后，所建造的房屋不再四四方方、平整规则，而变成圆形的土楼。这种建筑风格的变化似乎告诉我们，房屋的主人在新的生存空间里，一定遇到了与原来不同的生存条件。

据福建宁化地区包括温氏家族的许多族谱记载，他们的祖上在隋、唐至明、清期间陆续从中原辗转到此以后，虽然这片丛林密布的山地还是未开发的原始状态，但已经有土著居民在此生活，这就是畲族。

今天，在石壁最高处的高峰村，仍然居住着畲族居民。根据对畲族古语的分析，语言学家郑张尚芳教授认为，南方一些方言的个别发音，很可能就来自各地的土著语言，而产生这种结果的原因只有一个，那就是民族融合。

二十一世纪，一项分子人类学的新成果，使我们能够通过这个窗口去揭示人类漫长的演化过程。当遗传学专家利用这项现代科技探究中华民族的起源时，许多往事被一一呈现。

分子人类学研究成果表明，南方各地的许多人群，不仅来自北方，而且他们经历了不止一次的大规模迁徙。正是由于不断的迁徙运动，造成了民族融合这一历史的大趋势。中华民族在民族融合中发展壮大，中华文明在不断吸纳各种文化的基础上茁壮成长。

今天，尽管岁月沧桑，从这片黄土地上走出去的炎黄子孙对祖先的思念绵延不断。他们背着故乡走天涯，无论走到哪里，无论身处何方，故乡的记忆被永远铭刻在心中。

迁徙是动物在漫长的进化过程中形成的生存本能，而人类的迁徙，除去生存的动机，一定还具有其他更伟大的意义。

那么，我们的祖先为什么要离开自己的家园？在民族融合过程中，众多的民系是怎样形成的？他们又是如何远徙到世界各地的？

我们希望能从祖先漫长的迁徙历史中寻找答案。

葛剑雄：早期的时候，四面八方的人到了中原地区，形成了早期的华夏诸族；然后北方的汉人迁到了南方，在迁到南方过程中，一方面他们繁衍后代，另一方面就跟南方少数民族融合，这样就有了南方的各个民族。另外，其他的少数民族，比如蒙古高原、东北甚至中亚地区的人不断地迁入内地，在迁入内地以后，他们融合到汉族等华夏诸族的大家庭中间。所以我们说没有移民，就没有我们今天的中华民族大家庭。

第二集　南迁先祖

中原纷争拉开了迁徙的序幕，

炎黄子孙迈开了迁徙的脚步。

翻过深山，穿过密林，

跨越历史长河，寻找祖先南迁的足迹！

中原，自古以来就是兵家必争之地。在此结下的那些文明的种子，固然可以带来富足，却也会点燃蓬勃的欲望，人们由此迈开了迁徙的脚步。

历史深处华夏儿女迁徙的脚步声时而急促，时而仓皇，他们究竟是要奔向哪里呢？

也许是北方凛冽的严寒，阻挡了中原人的脚步。我们发现，向南的迁徙，一直都占据着极其重要的地位。翻开历史的长卷，我们把年表拨到远古时期，开始寻找南迁先祖的足迹。

轩辕黄帝，中国远古时期部落联盟首领，他和炎帝一起被奉为华夏民族的始祖。传说，黄帝曾经与南方蚩尤部落作战，但他和他的部落武士是否因此到达南方了呢？

大禹治水的故事千百年来家喻户晓，传说是他划定国土为九州，并为治水多次到南方巡视，可他的足迹现在又在哪里呢？

由于缺少详实记载，加上年代久远无从考证，关于古人迁徙的故事只能成为一个个美丽的传说。那么，如何在浩渺的时空隧道中，寻找到那些最初踏上向南旅程的人们呢？

1983年6月8日，在广州市繁华的市中心发现一座古墓。根据现场情况和出土文物来看，墓葬的年代十分遥远，而且墓主人的地位十分显赫。

经考古专家鉴定，这是一座二千多年前的汉墓，墓葬的主人是南越国的第二代国君、南越文帝赵眜。

南越王墓的发现，在考古学界、历史学界引起巨大的轰动，被誉为中国现代五大考古新发现之一。

浙江绍兴大禹陵

广东广州南越王墓博物馆

　　南越国建立于公元前204年，共传五世九十三年，是中国历史上有确切证据的第一个完整的南方国家政权。而它的建立者是一个北方人。

　　根据《史记·南越列传》记载，南越国的第一代国王赵佗，是今河北省正定县人。在今天的河北省石家庄市，就有

王子今（中国人民大学国学院教授）：通过各种随葬器物，通过墓主的葬式我们可以知道，这是一个相当强大富足的地方政权。

广东广州南越王墓博物馆藏丝缕玉衣

广东广州南越王墓博物馆藏文物

一座赵佗公园。

根据《获鹿县志》记载，赵佗先人冢就在赵陵铺，县志记载："其先人墓在铺东南三十里许"，"并刻有石碑记"。

为何一个出生北方的人，会出现在岭南，他又是怎样建立起第一个南方政权的呢？

毛泽东曾经评价赵佗为南下干部第一人，是开发岭南的先驱。那他是不是最早南迁的中原汉人呢？

从中原最早出现统一的王朝开始，岭南这块让人垂涎的土地，就从没有真正被纳入到中原王朝的版图里。直到秦国

王子今：秦灭亡后，岭南的行政长官和军事领袖，在这里建立了第一个南方的地方政权——南越国，建立者赵佗，南越国的第一个君主，为北方人，是随秦远征军过去的。他的家乡是河北正定，今属石家庄。

河北石家庄赵佗公园内赵佗雕像

《获鹿县志》

河北石家庄赵佗先人墓

结束了自春秋开始五百多年来分裂割据的局面，统一了炎黄版图，岭南大地才第一次纳入华夏母亲的怀抱。

秦始皇帝统一六国后，建立了中国历史上第一个大一统、多民族、中央集权的专制主义国家——秦朝。这个傲视东方的强大帝国，不仅导演了一场空前规模的战争，还引发了中国历史上有详细记载的第一次大规模移民浪潮。

公元前219年，秦始皇帝为了开疆拓土，派大军南下平定岭南。

根据《淮南子》的记载，秦军足足派了五十万大军，虽然在兵力上占绝对优势，在装备上更是要远远超过百越部落军队，然而，当时的岭南百越基本上为蛮荒之地，交通不便，原始森林密布，自然环境恶劣，这次战争，令所向披靡的秦军感到了前所未有的艰苦和压力。

据史书记载，蒙恬扫荡匈奴不到一年，王翦灭楚不过两年，赵佗征服岭南却历时五年，可见百越之战是何等的惨烈和艰难。

然而，令人不解的是，秦始皇帝派来的这五十万大军在平定岭南后，再也没有回去。南国的丛林、河流以及令人昏眩的瘴气，都是秦军将士挥之不去的梦魇。他们缘何留在了南方？

秦始皇帝平定岭南以后，在岭南设置了南海、桂林、象郡等三郡。南海郡下设博罗、龙川、番禺、揭阳四县，由于龙川地理位置和军事价值都极其重要，所以秦始皇帝任命赵佗为龙川县令。

王子今：秦始皇帝时代，实现了向北边和匈奴作战扩展疆土，向南边占有岭南地区，从两个方位大大扩展了中原文化这个文化共同体的范围，是非常有意义的政治文化举动。特别是岭南地方。

葛剑雄：秦始皇帝统一全国以后，实施了最大规模的移民。他一方面要巩固自己的政权，另一方面要满足自己的需要，所以首先实施的是从关东——原来六国的旧地，把一些贵族、有钱的人都集中到首都咸阳，有十二万户、几十万人。另外他把一些敌对的势力，以及六国的俘虏，他认为对他不满、有威胁的，都集中到自己的大后方，就是今天的四川、云南这些地方。为了巩固边界，他发动几十万人修长城，又把部队和罪犯放到长城一线。他自己要建宫殿还有陵墓，又集中了很多人。为了征服岭南，他又集中了几十万人到两广。

王子今：关于秦始皇帝时代组织远征军占有岭南地方的历史事实，史书的记载是有限的，我们看到的是司马迁的《史记》里有若干记载，另外就是淮南王刘安组织编撰的《淮南子》这部书里，有关于这支远征军的规模的更具体的记载，就是五十万人的记录。

龙川县位于今广东省东北部，是广东最早立县的四个古邑之一，始设于秦始皇帝三十三年，至今有二千二百多年历史。在龙川县有个佗城镇，这里就是当年赵佗担任县令的地方。

今天的龙川县是客家人的聚居地之一，县城的民居都具有浓郁的客家气息，而这里的人们一直把"赵佗"当作是自己的先祖。

龙川南越王庙，是龙川人民为纪念龙川首任县令赵佗而建造的一座庙宇，它建于宋代1095年，到现在已经有九百一十多年的历史。赵佗对岭南的开发做出了不可磨灭的历史性贡献，所以每个月的初一、十五，很多本地的老百姓来这里纪念他。

然而，在佗城，还有一个奇怪的现象。

佗城的总人口有四万三千多人，而拥有的姓氏就有一百七十九个，其中有个佗城村，二千多人口，姓氏就占了

王子今：南越国是在一个特殊的政治时期建立的，就是秦王朝灭亡，中原地方反秦的武装起义爆发，中原发生动乱，在岭南的这些秦王朝原来的地方官、军事首领，他们商议了一下，决定来维护这个地方局部的安定，当时的龙川令赵佗，成为这个政权的实际执政者。

《龙川县志》

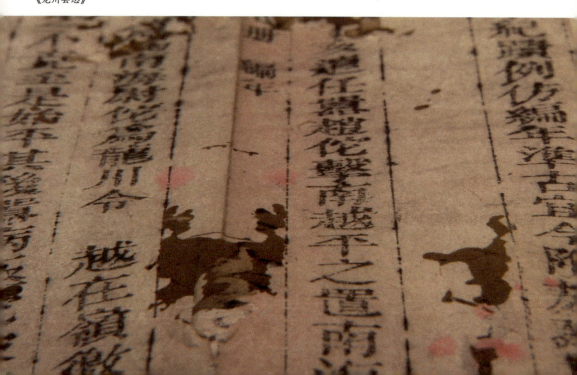

广东龙川佗城镇，一些客家学的研究者认为，这是最早的客家人南下的文化遗存

广东龙川南越王庙

一百四十三个。

根据全国人口普查，我国汉族人口常用姓氏有三千多个，《百家姓》搜集了四百多个，而佗城统计出的一百七十九个，几乎占了《百家姓》的三分之一，这在全国绝无仅有。

古老的祠堂、众多的姓氏，这些遗留在古城中的历史文化符号，究竟要告诉人们什么呢？

有专家认为，这些姓氏宗祠遗址，是秦朝大军民间化的重要标志。

除了这些，根据《龙川县志》的记载，佗城还有一座与赵佗有关的古井。这座隐藏在佗城小巷背后的越王井，距今已有二千余年。

据说当年赵佗任龙川首任县令时，开挖了这口取水井，供当时的驻军、住民饮用。两千多年来，这口井养育了一代

广东龙川县佗城镇的祠堂

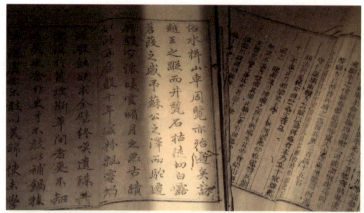

《龙川县志》

越王井

又一代龙川客家人、当地原住民，一直没有枯竭过。

有研究表明，今天这里的汉族居民，基本上都不是宋朝之前原住民的后裔。而在广州等地的广府人，也将赵佗视为自己的祖先。

赵佗创造了一段神话般的历史，也给后人留下了诸多猜想。两千多年过去了，赵佗南迁的足迹，如同他身后在岭南屹立了近百年的王国一样，在人间蒸发，不见了踪影。

这一次意义深远的南征，从秦王朝的统治中心、关中平原的咸阳到岭南，仅直线距离也有二千多公里。

遥遥数千公里的路途，如此艰难险阻，当年南征的秦军是如何翻越一座座高山险岭的呢？

广东龙川县佗城镇南越王庙

咸阳到龙川直线距离示意图

　　2007年，湖南郴州发现了一条隐藏在南岭的古道。经考证，这是一条有着两千年历史的"湘粤古道"，这引起了专家的注意。

　　这条湘粤古道连通湖南与广东二省，自古是连接中原与岭南一带的交通要道。随着岁月的流逝，曾经的"宽阔"，如今已经隐没在深山茂林之中。

湖南郴州湘粤古道

广东清远湘粤古道广州部分

　　据当地专家介绍，秦始皇帝三十三年，也就是公元前214
年，秦始皇派五十万大军远征岭南，其中十五万大军就是从
郴州出发，经过这条古道进入岭南的。这条古道是秦始皇帝
十五万大军硬踩出来的，当时叫做驰道。

　　令专家们惊讶的是，这条千年古道上的每块青石板上
面，至今还有一些深浅不一的小洞。这些密布的小洞从外形
上看，不像是人为，其用途更是不得而知，很多专家认为，

湖南郴州湘粤古道上的骡马蹄印

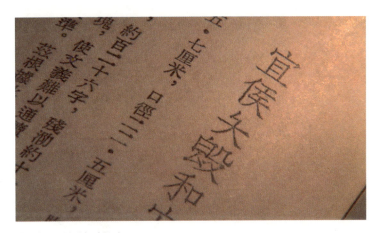

关于宜侯矢毁的相关报道

这是当时骡马行走时留下的蹄印。

岭南，是指大庾岭、骑田岭、都庞岭、萌渚岭、越城岭五座山岭之南。五岭山脉层峦叠嶂，是中国江南最大的横向构造带山脉，是长江和珠江两大流域的分水岭，形成了江南丘陵区和岭南两个独立的地理单元。

湘粤古道的发现，证实秦军曾经从这里到达了岭南。如此，地处五岭以北的长江流域，应该就是中原先民更早抵达的地区。

那么，在赵佗之前，是否早就有中原人踏上了南迁的旅途呢？

根据《史记》记载，公元前十二世纪，周太王之子泰伯由陕西远走南方荆蛮，史称"泰伯奔吴"。泰伯奔吴，是夏、商覆灭后最早的中原人南迁传说。

然而，由于泰伯奔吴的历史记载不够明确，学术界对于泰伯奔吴的去向仍有争议，主要有"陕西吴山说"、"江西说"、"宁镇说"和"苏南说"。

面对如此不一的说法，难道被孔子誉为至德的泰伯奔吴故事，仅仅成为了史书上寥寥数语的一个无法考证的传说了

江苏无锡泰伯庙

吗？

根据长江三角洲一带近年来的考古发现，南京、镇江地区广泛分布着吴文化遗存，并有大量的周朝时期的文物。于是有专家推测，宁、镇地区有可能是周人南下初到之地。

在今天的江苏省无锡市，有条名叫伯渎港的河道，其前身就是历史悠久的泰伯渎。据《无锡县志》、《江南通志》记载，这条河是由泰伯开凿的。

而在无锡市，还有泰伯墓、泰伯庙等历史文物景点，在梅村地区，至今仍流传着大量有关泰伯奔吴、开发江南的动人故事。

泰伯奔吴究竟具体奔向哪里，我们无从定论，但1954年6月，在江苏的丹徒县烟墩山，出土了一件刻有一百二十余字

葛剑雄：《史记》里讲到，泰伯和仲雍是奔荆蛮。那么，荆蛮是指什么地方呢？结合文献和考古，我们可以知道，就是指今天的江南。我们从地图上看，他就是从今天的关中，然后往东南方向迁移，渡过长江，大概进入今天宁镇丘陵，就是南京和镇江之间的丘陵，再下来到平原，也就在今天常州、无锡和苏州一带。

江苏无锡泰伯渎

泰伯雕像及泰伯庙

葛剑雄：传说泰伯来到梅村以后，首先是融入当地居民，断发文身，然后又把黄河流域先进的耕种技术和先进文化带到了江南，融合江南的土著文化，最后形成了灿烂的吴文化。所以后人把泰伯称为吴文化的鼻祖。

铭文的青铜器——宜侯夨毁（cè guǐ）。上面记载了当时周康王封夨为宜侯，并赏赐他器物、土地、奴隶的事迹。这件"宜侯夨毁"的发现，至少让我们肯定了泰伯奔吴的事实，让我们看到了更早南迁先祖的印记。

今天，安定和睦地生活在这片土地上的人，让我们在那些历史的风尘中感觉到了另一层文化意味：无论是泰伯还是

江苏无锡泰伯墓

赵佗，他们从黄河河畔，一步步向南，最终抵达长江流域、珠江流域，华夏文明的种子跟随他们的足迹，在南方的土地上播种。

南迁先祖们为南方带去了中原的铁器农具，和发达的农业生产技术，提升了南方的农耕文化。广袤的岭南也正式进入了中华大家庭的怀抱。在此后的漫长岁月里，在无数南迁的移民中，萌生了许多以中原文化为核心的新的文化族群，如闽南文化、广府文化、客家文化等等。

赵佗"铸剑为犁"，如今秦剑早已不在，那犁却长久地留在我们的内心，并成为后人开拓的精神和勇气。同样，泰伯奔吴的真正去向并不重要，重要的是他"三以天下让"的至德，成为了后人至今学习的美德。

无论是传说故事，还是先秦之前的移民运动，那些习惯

葛剑雄：秦始皇帝南征动用了几十万军队，这些人以后就留在了南方。他们大多数聚集在城市、交通便利之地，在这些地方形成了北方文化的压倒性优势。但是由于岭南面积很广，少数民族分散居住，所以在岭南的主流、上层社会，中原的文化传播到那里了，而在基层呢，往往还是本地的文化。

江苏无锡泰伯庙

河北石家庄，后人在祭拜
赵佗

江苏无锡，后人祭拜泰伯

了农耕生活的祖先，总是把脚步一次又一次地迈进南方温暖的雨林。

漫长的岁月里，中原先民筚路蓝缕，颠沛流离，历尽艰辛，来到了地处亚热带、依山傍海的五岭之南，把中原地区的先进文化带到了南越之地，并不断吸纳、融合当地原著居民的文化，促进了汉、越民族的融合。

珠江流域、长江流域和黄河流域一样，都是中华民族文

广东大埔赛龙舟活动

明的发祥地。中原先民将自己迁徙的足迹，从黄河流域迈向长江流域，并延伸到珠江流域。继泰伯和赵佗之后，更多的中原人来到了这片瑰丽俊秀的山水之地，他们将用勤劳和智慧在此创造出更加璀璨的文化。

王子今：赵佗建立的南越国，当时的文化气象、政治风格，已经有很多北方的因素，因为赵佗本人就是来自北方中原的军人，带来了北方的文化。他们促进了北人和当地南越人的文化融合。当然，这个过程，到了这个帝国的政治演出完全落幕后，进程更为加快。

第三集　衣冠南渡

一次意外的考古发现，
揭开了中原汉民第一次南迁的秘密。
昔日的峨冠博带，是跋涉中的负担，
还是故土中原文明灯火的传递？

从远古到春秋，中原先民逐步迈开了向南迁徙的步伐。追随着时间的脚步，他们的迁徙走入了另一段惊心动魄的历史。

三世纪，当秦皇汉武的威仪在三国风云中消解之后，历史在西晋末年又一次把中原抛进了战火之中。

此后两百多年间，以往富庶繁华的中原故地黯然沉寂，宛如一片洪荒。

现在，有足够的证据表明，四、五世纪，华夏文明的中心突然出现在了以长江中下游地区为核心的中国南方。也许，人们一直寻找的答案就隐藏在这段把江南和中原紧密勾连起来的历史中间。

2006年8月，福厦高速铁路南安丰州路段的皇冠山下，发现了大量的古墓，这在当地引起了巨大的轰动。

当地专家在数十座墓葬中，发掘出了大量的瓷器、金

福建泉州西晋墓考古现场

福建泉州西晋墓
葬文物

福建泉州西晋墓
葬墓砖

福建泉州西晋墓
葬墓砖

黄河

器、银器、玉石器等，而古墓群中的许多墓砖，都刻有精美的花纹。更让人吃惊的是，有些墓砖上还刻有精确的纪年。从墓砖的字刻以及墓砖的印纹、造型来推测，专家判定，这些墓室的主人可能是当时社会的贵族。

古墓群出土的墓砖，图形大都已经模糊难辨，但这些文物包含着某种信息，破解出这个密码，也许就能找到更有价值的线索。

勘测中，一块有着明显花纹的墓砖引起专家的注意。

墓砖上的古乐器叫做"阮"，其柄下有一个圆形音箱，音箱上有支弦座，左右有模糊的对称声孔。

阮，相传为西晋阮咸所制，也有说是阮咸擅弹此琴而得名。西晋时期，这种乐器在中原地区一度风行。可如今，它却首次出现在南方的墓葬群中。

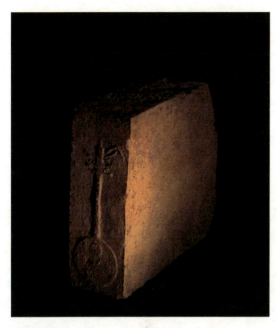

福建泉州出土阮纹墓砖

福建泉州出土墓砖拓片

从墓砖上阮的外形来看，阮和现在的南音琵琶乐器非常相像。琵琶是南音的主要演奏乐器，它和阮都属于拨弦类乐器，不同的是琵琶的音箱呈半梨形，张四弦。有专家认为，琵琶是由阮演变而来的。

南音也称"弦管"、"泉州南音"，是中国现存最古老的乐种之一。音乐史专家认为，南音是历代中原移民把音乐文化带入闽南地区，并与当地民间音乐融合，形成的具有中原古乐遗韵的一种文化表现形式。

福建泉州的南音表演

众多的线索给我们提供了无数勾连的假设，但风靡中原的乐器，出现在南方墓葬中，至少给我们印证了一个史实，那就是"衣冠南渡"。

280年，西晋武帝司马炎凭借强大的军事力量，结束了三国鼎立的局面，使中国的版图重获统一。但很快，由于统治集团内部的权力争夺，八位诸侯王之间开始了长达十六年的混战。

西晋八王之乱后，几乎同一时间，以匈奴、鲜卑、羯、氐、羌为首的内迁少数民族，也趁机起兵，自立政权，史称"永嘉之乱"、"五胡乱华"。

在这种情况下，大批北方士人纷纷南迁，这些南迁的人中包括了宗室、贵族、文武大臣，所以历史上称为"衣冠南渡"。

所谓"衣冠"，是身份的象征，然而，昔日标志身份的峨冠博带，不像深藏于内心的圣人诗书，显然已成了士人贵族们跋涉的负担。事实上，他们也并不清楚自己所经历的，正是一次被记入了中国历史的著名大流亡。

旷日持久的战争和野蛮的杀戮，几乎使这个以汉为名的

"五胡乱华"示意图

赵世瑜（北京大学历史系教授）：永嘉南渡是中国古代历史上三次大规模人口南迁浪潮中的第一次，也可以说是中国古代的经济文化中心逐渐南移的开端。

河南洛阳汉魏故城遗址

民族走到了灭绝的边缘；曾经繁华兴盛的帝都洛阳，也在战火的摧残下成为一片废墟。

一个王朝灭亡了，与之伴生的文明必将饱受摧残。从世界历史的范围来看，不管是古印度文明也好、古埃及文明也好，还是古代的亚述文明、玛雅文明等，它们都在发展到了很高的水平后，似乎一夜之间骤然消失，并且这个文化似乎是消失得荡然无存。那么，华夏文明也会在战火中完全消失吗？

衣冠南渡，事实上就是一次由战争导致的全民大溃逃。那么除了战乱，是否还有其他原因，导致了这次中国历史上著名的人口大迁移呢？

根据气象学的调查显示，中国五千年来的气候变迁，共有四个温暖期和四个寒冷期。而从一世纪到六百年是第二个寒冷期，即东汉南北朝寒冷期，这个寒冷期在四世纪前半期达到顶点。由于环境的变化，大量北方游牧民族不得不南下进入中原，而中原地区的生存空间进一步缩小，使得中原百姓们也不得不追随衣冠士大夫的背影，踏上了南迁的旅程。

无论是衣冠士族，还是普通百姓，迁徙途中，他们都要面临饥饿、疲惫、疾病，除了这些，还有乱兵的追杀，死亡随时随地都会降临。时至今日，我们很难想象，他们手中那盏来自故土中原文明的灯火，将会怎样保持和延续？

无数南下的流民聚族而迁，从中原一路向南，直到他们到达了异地他乡的这条大河——长江。

横亘在江南与中原之间的这条大河，不仅是地理意义上的天堑，有时候更能无情地分割历史，甚至也会把我们祖先的生活一劈两半。

当然，拥有一定实力的衣冠士族们，可以登上南下的渡船，沿江而下。但是，更多的移民们却不得不选择其他道路，艰难地行进在苍茫山水之间。

不得不南下的移民们，经过不同的道路，有的来到了江南，有的继续南迁，到达了更为僻静的闽、粤、赣地区。也

赵世瑜：在洛阳这个过去的都城倾覆以后，中原一带的士女，十之六七都迁徙到了长江以南。

葛剑雄：当时的移民主要集中在江淮一带，还有首都建康，以及建康附近的地区。如浙江的会稽，就是今天的绍兴；湖兴，就是今天湖州一带，这是人口最稠密的地方。

赵世瑜：从表面上看，是因为有许多大规模的战乱，这虽然是事实，史书上也是不绝于书，但是在它背后应该是有更深层的原因。因为在这样一个时期，在北方地区其实是经历着环境恶化、气候相对变得寒冷的时期。

当然对于那些贵族高官，他们可能因为自己的政权覆灭，逃到南方寻求新的统治中心；而对于老百姓来讲，许多是由于这样的自然环境的恶化，造成他们的生计遇到困难，而进一步南迁。

葛剑雄：除了大部分人口往东再南下以外，还有一部分人是在洛阳这一带，沿着今天南阳、襄阳这条线迁到了长江中游，还有少数人从关中，也就是今天西安这一带，翻过秦岭，到了汉中盆地以及四川盆地。

因此，在中国的南方也出土了保留有中原风貌的文物。

在今天的福建地区，还流传着关于衣冠南渡时期"八姓入闽"的传说。

根据《三山志》记载："永嘉之乱，衣冠南渡，始入闽者八姓。"八姓指的是林、陈、黄、郑、詹、邱、何、胡八姓。

在今天的福建地区人口中，姓林、陈、黄、郑四大姓的，占了很大一部分。

今天生活在这片土地上的人们，虽然对于一千多年前的历史早已淡忘，但祖辈传承下来的族谱和家族祠堂中的信息，时刻向人们昭示着八姓入闽那段坎坷的迁徙历史。而他们至今都还保留着一个特殊的生活习惯——聚族而居。聚族而居绝非是后世的发明创造，历史上，整个汉民

《泉州府志》

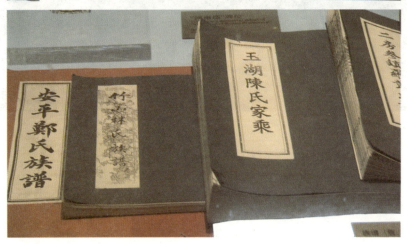

入闽八姓族谱

福建当地同族人祭拜祖先

福建晋江纪念祖先入闽的门匾

福建居民家中的宗祠牌位

福建泉州黄氏族人祭拜祖先

族的宗族观念都很深。而这种宗族观念，从日常生活一直渗透到迁徙途中。

根据《晋书》和民间谱牒资料记载，衣冠南渡之时，成百上千的宗族迁徙，是比较普遍的现象，这为中原文明的完整存续，提供了有力的保障。

现在，我们终于可以比较清晰地去描绘一千七百多年前那次悲壮的逃亡了。

由于平时百姓习惯于依照宗族关系，围绕士族豪强形成村落、市镇，因此在遇到战乱、灾荒时，流民们就会自然而然地选择追随这些士族们进行迁徙。一方面，他们可以得到士族大户的救济、援助，乃至精神慰藉。另一方面，士族大户也可以因此而巩固、壮大实力。

就这样，从中原故土走出来的移民们，扶老携幼，彼此周济、相互温暖，一路南下。

然而，在众多逃难的衣冠士族和黎民百姓中，有很多人的生命永远地留在了迁徙的路途中。

每一个人都是一颗文明的种子，要想保护好自己种族的文明，就必须保护好每一个社会个体，无论高低贵贱。这个道理，根深蒂固地成为了炎黄子孙的文化基因。历史证明，这种基因使来自中原的点点文明灯火，不仅没有湮灭消散，而且又以坚韧的信仰为它们添加了新的能量！

偏安江南的东晋王朝，终于让那些经历九死一生的中原流民获得了暂时的安宁。然而，稍获喘息之后，他们便开始思念起了家乡。

在福建泉州，有一座颇具地域性名字的古桥——洛阳桥。从这里，人们似乎感觉到当时那些南渡的衣冠之人的心境，其实这其中更深的含义，就是对故乡中原的思念。

夕阳下那条宽广、蜿蜒的金色大河，依然会在梦里出现；那伴随鹧鸪啼鸣的无边麦浪涌动的声音，依然会在耳边回响。但这次历史上中原汉人的第一次大规模南迁，客观上也为我国江南地区的快速开发拉开了序幕。

世界上从来没有一种文明是一成不变的，中原文明在迁徙中改变着别人，也在迁徙中不断完善着自己。

然而，穿越时空的夜幕，人们能看到的不过是一群神形疲惫、衣衫蓝缕的模糊背影，失去了家乡、土地和亲人的他们，仿佛一群丢失了灵魂的木偶，无论王公，还是百姓。

赵世瑜：永嘉南渡以后，很多人移民到南方，他们不仅在人口上充实了南方，更重要的是他们把在黄河流域发展起来的那种比较高水平的农业耕种技术，还有他们的农具，也就是他们的生产工具包括手工业技术，都同时带到了江南，促进了这个地区比较大幅度的发展，这就为以后到了唐代的后期，特别是晚唐以后，江南地区开始成为国家赋税收入的重点地区奠定了很好的基础。

福建泉州洛阳桥

　　这次被史学界誉为"中原汉人第一次大规模南迁"的衣冠南渡，还有多少不为人知的秘密？这需要更多文物资料的出土发现，需要更多学者进一步的研究，才能逐步得以揭示。

第四集　四方内聚

他们在岭南生活了八九百年，
然而他们曾经是大兴安岭的主人。
一个第一次入主中原的北方少数民族，
一个从北到南历经坎坷的姓氏。

四世纪至七世纪，云冈、龙门石窟等这些佛教艺术的石雕杰作，被镶嵌在了中国北方大地，从天山南北和塞外草原，一直延伸到中原腹地。从文史学家的角度看，这些石窟艺术，并非来自单一民族的文化，而是多元文化的集合体。那么，是谁创造了这些集不同文化符号于一身的雕像，他们又去了哪里？没有文献记载。许多年以后，专家学者开始探寻石窟创建者的足迹以及他们辉煌过后的消失原因。

2009年10月，众多媒体和学者云集广东鹤山市霄乡，参加在这里举行的"霄乡源氏研讨会"。事件的起因，是一本奇特的族谱的发现。这本《源氏大宗族谱》显示，这里的居民原来是鲜卑人的后裔；而他们的姓氏，似乎也证实了这一记载。广东鹤山霄乡有一个全国罕见的姓氏——源姓，现在，这里居住有源姓居民一千多人。

河南洛阳石窟雕像

河南洛阳石窟雕像

河南洛阳石窟雕像

查阅史料,鲜卑兴起于大兴安岭一带,发祥于西北草原。从大陆南端到呼伦贝尔北部,相距近四千公里,霄乡的鲜卑后人为什么要移居此地?源姓又是从何而来呢?

二十世纪以来,在河南洛阳、陕西西安和山西太原等地,大批古代墓葬被发现。经考古鉴定,墓葬的创建时间正是创建石窟的魏晋南北朝至隋唐时期。

从呼伦贝尔到广东鹤山霄乡
直线距离示意图

广东鹤山宵乡源氏族谱

在这些墓葬中，发现了大量马和骆驼形象的壁画和随葬品，并且墓志铭大都显示为奇怪的姓氏。这和当时中原地区传统姓氏并不相同。经考证，一个叫娄睿的墓主身份已被证实。

众多具有异域色彩的墓葬在中原地区被发现，说明在魏晋南北朝至隋唐时期，应该发生过其他地区向中原迁徙的移民运动。

少数民族墓葬中发现的石门

以此为线索，专家在同一时期的史料中，找出了魏晋南北朝时期周边少数民族向长城以南及中原地区移民的史实。据《魏书·太祖纪》记载："天兴元年……徙山东六州民吏及徒何、高丽杂夷三十六万、百工伎巧十万余口，以充京师。"其中，光民间工匠艺人就有十余万。而这样的大迁徙共有九次。魏晋南北朝直至隋唐，大批周边各民族向北方长城一带和中原广大地区进行了一次又一次的移民运动，内迁的移民半牧半农并开凿石窟，他们被记录在了隋唐以前的文献中。

当学者们把发生在中世纪大迁徙的故事，同某种自然的力量联系在一起时，我们似乎明白了他们内迁的原因。在寒冷的气候下，面临牧草枯竭的游牧民族只有一个选择：迁徙，向着相对温暖的地方迁徙。

从魏晋南北朝开始，西北方大批游牧民族开始不间断地南下移民。据正史记载，最早同长城以南打交道的是匈

葛剑雄：有些民族已经在东汉末年就迁进来了，有的是新迁进来的。我们一般讲有匈奴、鲜卑、羯、氐、羌，其实还不止，还有其他一些少数民族。

源氏宗谱

奴人。

316年，匈奴首领刘渊族子刘曜，攻占西晋都城长安。随之，中原地区陆续出现十六个少数民族为主的统治政权。

上文提到的历经浩劫而冒险保存下来的《源氏大宗族谱》，把今天的霄乡源氏，同那段移民历史紧密地联系了起来。

据《源氏大宗族谱》记载，他们的祖先秃发是鲜卑的一支，南北朝时从呼伦贝尔西迁到青海。而据《魏书》记载，秃发首领乌孤，就是十六国之一南凉政权的创建者。

虽然南凉政权最终于十六国时期被西秦所灭，但是源氏后裔不应该是这一时期来到霄乡的，因为族谱记载他们来此的时间为七百年前，而那时正是唐朝。显然，他们并不是一次迁移到此的。

文献记载中的移民内迁，到了隋唐又达到了一个高潮。

宋豫秦（北京大学环境科学与工程学院教授）：据文献资料显示，五千年前曾经是个大暖期，到了魏晋时期陡然降温。

葛剑雄：游牧民族游牧的地方，要么是东北，要么是蒙古高原，在正常的气候条件下没有问题，但是一旦出现气候干旱或者是严寒等问题，他们就生存不下去，就得面临两个选择：一个是继续在草原上西迁，但西迁也前途未卜；还有就是南迁。

广东鹤山宵乡村竹轩源公祠

葛剑雄：北方游牧民族有尚武精神，他们骑着马匹行动比较快，如果内地正好有动乱，或者控制力不强的时候，他们很容易进来。进来以后呢，有的就变牧为农了，有的还是保持游牧特点。他们可以填补中原的人口真空。

可当时并不存在气候恶劣的因素，那么，唐朝的移民内迁又是如何产生的呢？

二十世纪初，考古专家在洛阳邙山一带发现了大规模突厥族后裔的墓葬群，墓主的身份大都为唐朝的文官或带兵将领。这些曾经生活在千里之外的游牧民族，摇身一变成为了唐王朝的王公贵族。这一奇异的转变，将学者们的目光吸引向了那片神秘的草原。

自从清朝末年旅行家徐松在新疆阿尔泰以南的草原上发现了草原石人以后，又陆续在天山南北、内蒙古甚至哈萨克斯坦、吉尔吉斯斯坦等地发现石人。

这些被发现的草原石人都具备这样的特征：它们守护在墓前；它们以石为材，雕刻成人像；它们面向东方。今天，在内蒙古锡林郭勒的元大都博物馆中还保留有石人文物。

河南洛阳北魏古城

河南洛阳北魏古城

内蒙古锡林郭勒草原石人发现地

元上都博物馆

草原石人文物

经过专家学者研究，这些草原石人就是突厥石人。因为草原石人的兴盛时期即六世纪中叶至九世纪，与同一时期突厥人"刻石为像"的墓葬习俗相吻合。

从西安突厥墓葬群到草原突厥石人，其中似乎存在着某种联系，专家认为，那是战争的结果。

查阅史料，唐初至唐玄宗时期，唐朝对东北的高丽和西边的突厥，曾进行了一系列征讨战争，对突厥的战争规模较大。

贞观三年，唐军大败东突厥，俘获突厥男女十余万自阴山以北南归。为了安置归降和内迁的突厥部众，唐朝在东至幽州（今北京南）西至灵州（今宁夏永宁县南）的沿边地区设置都督府，因而入居长安的就达近万家。

草原石人面向东方，或许是对祖先的一种怀念。由于天灾人祸，魏晋至隋唐，大批周边移民迁入内地。然而，几百年后，这些内迁移民似乎从人间蒸发了。这些迁徙内地的周边移民到底去了哪里？当专家们勾画出了中世纪内迁移民运动的时代背景后，答案似乎就在眼前。整个南北朝时期直至隋唐，中原地区战乱频繁，战争似乎成为扼杀民族的刽子手。但是专家发现，问题的实质并非如此。

据江统《徙戎论》记载，当时内迁的各国人口和关中汉人的比例是这样的：所谓关中之人百余万口，率其多少，戎狄居半。这就说明，经历三国时期的战乱，虽然人口锐减，但是并不足以导致整个民族的消亡。

据此推算，在当时少数民族占很大比例的中原地区，如果是战争致使他们消亡，那么，到北魏统一后，就不应该有总人口的大规模增长。

既然战争并非民族消亡的决定因素，那么在以后的几百年间，究竟又发生了什么呢？分析进入内地的少数民族与原有汉族杂居相处的现象后，专家获得了新的发现。

中原地区出土的陶俑群，体现出了明显的时代特征，即整个北朝时期，游牧文明与农业文明出现了融合交汇的趋势。分析这一现象产生的原因，使整个事件的真相渐渐呈现。从中原地区发现的许多南北朝时墓葬看，它们都和鲜卑拓跋氏有关。如洛阳陶俑群墓葬的主人元邵，就是北魏孝文帝之孙。那么，北魏王朝的创立者拓跋氏，为什么改称元姓了呢？广东霄乡源氏同样来自鲜卑，虽然这个源氏并非元邵的元，但他们同北魏王朝一脉相承。1867年修建的源氏大宗祠，所供奉源氏最早的先祖叫源贺。据《魏书》记载，南凉国灭亡后，秃发部投奔北魏拓跋氏，由于战功卓著，被太武帝拓跋焘封为西平侯，并赐名源贺，意即拓跋与秃发同源鲜卑。然而，无论是拓跋氏改元姓还是秃发改姓源，都还有其更深层的含义。

今天的内蒙古和林格尔县，历史上有个响亮的名字——盛乐。260年前后，鲜卑族拓跋部落从大兴安岭北部迁居这里；一百二十多年后，拓跋氏正式建都盛乐，史称北魏，这是中国历史上第一个由北方民族建立并得到正史承认的封建王朝；从盛乐向南就是中原大地。专家认为，从"胡服骑射"到跨马扬鞭入主中原，再到逐渐消亡，鲜卑人所走过的

内蒙古盛乐博物馆

道路，就是一个民族融合的过程。洛阳这片古老的土地，曾经孕育过众多伟大的王朝。一位千里迢迢来到这里的鲜卑帝王，立誓要在这里再次创造丰功伟绩。

493年，孝文帝开始大举南迁。一百多万人口开进洛阳城后，这里的一切发生了改变。在体现汉民族建筑艺术的屋檐下，西域舞蹈在这里飞扬，草原欢歌在这里飘荡，更有儒、道思想在这里传播。据《洛阳伽蓝记》记载，北魏时的洛阳城，聚集了中国北方半数以上财富，成为了以汉族为主体各民族汇聚的国际大都市。

对眼前的繁荣，年轻的孝文帝并不满足，他开始大规模修复和开凿石窟佛像，还进行了一场史无前例的改革。

于是，同穿汉服、同说汉话、同为汉姓，民族杂居的过程，变为汉民族为主导的文化大融合。这些伟大的石窟雕像

葛剑雄：北魏孝文帝进一步把首都迁到洛阳，完全到了华北的中心地带。为什么呢？他讲过一句话：你是要我们鲜卑一直呆在草原上，还是要我们这个民族进入文明？

69

葛剑雄：当时他采取了非常
激进的措施，全面汉化，一直
到改掉自己姓氏，让鲜卑人
都改了汉姓，并同汉族通婚，
不许再讲鲜卑语言，也不许
穿鲜卑衣服，甚至死了以后
也要葬在洛阳，不许再回到
北方草原上去。

渠传福（山西文物考古研究
所）：曾经轰动一时的娄睿墓
壁画，在中国的考古史上，从
某种意义上讲是石破天惊的，
是改写中国美术史的，可以使
我们看到这种民族大融合带
来的结果。就是说，草原文化
和中原文化结合起来，把中国
文化推向了一个新的阶段。

和改变中国美术史的壁画，使今天的人们还能够看到那段文化大融合的结果。

繁华落尽，古都洛阳再一次变成了废墟。从商代到北魏，这片土地曾经产生过众多王朝，今天，它们被相互叠压在黄土之下。在民族融合的背景下，我们可以拾起历史的碎片，却无法再寻觅到文化创造者的身影。他们真的就这样消失了吗？

两百年后，当大迁徙带来的民族融合又奇迹般地出现的时候，人们又获得了重新审视他们的机会。

近年来，西安、洛阳地区陆续发现了隋唐时期的墓葬。从墓主的姓名看大都表现为汉族姓氏，但仔细观察墓志内容发现，他们都是原西域安国或突厥的后代。

据《唐书》记载，降唐的突厥领袖颉利可汗阿史那咄苾，经与唐室联姻，被赐为史姓。考古专家在出土墓碑中，意外发

出土于西安北郊的石门

现了他后代的墓志。

在有关唐朝的历史文献的记载中，人们会发现回鹘、突厥、粟特等新的外来民族的身影。他们在繁华的长安城开店营生，在亭堂楼榭前抚琴作画。生前过着汉家贵族的生活，死后永眠唐都地下。到北宋以后，中原文献中已无突厥、吐蕃等周边民族成员的记载，这并不意味着这些民族的消失，而表明经过民族融合，这些民族都已统一在汉文化之中。如果说鲜卑王室改元姓带来的是汉家贵族生活，那么霄乡源氏却经历了一条坎坷的迁徙之路。《源氏大宗族谱》显示，霄乡源氏一世祖名源浅夫，八九百年前从广东珠玑巷迁移至此。文献记载，源浅夫的太公源休，被唐德宗以弑君夺位的罪名诛杀。后，源姓家族从京城远走他乡。

据此推算，源氏应该是在唐朝时一路流落到珠玑巷，到了北宋又辗转到达霄乡。而此时在文化上，他们已经与汉家无异。

农耕文化和草原游牧文化，在黄土地上留下了深深的烙印。从陕北民间喜爱的一些极具观赏性的剪纸艺术中，人们依稀还能看到古老岩画、石刻的影子。而造纸术的发明，文

葛剑雄：中国历史上少数民族内迁以后，时间长了都不知所终。那么是不是这些少数民族从肉体上灭亡了呢？不是，其实他们都存在，基本上都融合到汉族中去了。

鲜卑发祥地石碑

陕北民间剪纸工艺

化的融合，才使更多充满时代气息的剪纸图案，在这里生生不息。

但人们不会忘记，自从胡床俗称马扎子在一千多年前通过移民传入中原以后，古代汉族的双腿和膝盖才离开了地面。曾经席地而坐的古老习俗，开始被凭桌坐椅的习俗所取代。

在漫长的迁徙过程中，一些民族消失了，一些民族转化了，他们所携带的民族文化，也自然地融合于汉民族文化艺术的母体之中，共同滋养、培育着中华民族文化这朵璀璨之花。黄河母亲的乳汁哺育了一代又一代华夏儿女，他们在这里繁衍生息，然后又从这里出发，去开创新的家园。

第五集　避地江南

这是中国南方发展崛起的开端，

这一切源于一个强大王朝的倾覆，

还有富庶大地上千万子民的消失。

从北方的迷醉和消亡，到南部的发展与崛起，

中原子民又将展开一段怎样的迁徙故事？

　　唐朝长安，曾是丝绸之路的起点和终点，也是当时全球的经济文化中心之一，她的一切令世界为之陶醉。可辉煌过后，强盛的唐王朝黯然倾覆，中原地区的人口数量，也随之减少了近千万之众。直到今天，那段历史仍吸引着众多专家学者的视线。强大的皇权、异族的战刀、农民的抗争……这些历史信息与今天发现的众多线索不断碰撞，曾经消失人口的去向能被找到吗？

　　在与中原遥遥相望的安徽省黄山市，1978年，一件出土徽墨，似乎为唐朝众多消失人口的去向提供了线索。如今，文物被珍藏在安徽徽州文化博物馆内。

　　作为闻名中外的"徽墨"产地，这里口口相传的徽墨故事，再次提供了令人心动的信息。据说南唐时候，由于中原动乱得很厉害，战争频繁，奚家父子跑到安徽来了。看到黄山这一带松树非常好，制出来的墨的质量，比其他地方要好

安徽黄山市

徽州文化博物馆收藏的北宋墨

歙州制墨厂

歙州墨

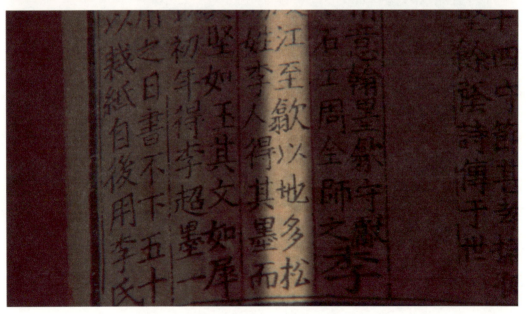

弘治《徽州府志》

客家建筑

得多，他们就停在这里发展制墨产业。徽墨的起源故事，让一些极具价值的线索呈现了出来。唐朝的战乱与人口迁徙，与中原人口的消失看似关联密切。

深圳这座年轻的城市，到处洋溢着现代化气息。这里的客家建筑引人瞩目。就在这里，一些不完整的信息，将唐朝中原、安徽黄山和广东深圳，勾连在了一起。据当地人讲，他们的客家围屋，有着浓郁的中原文化特征。居住在围屋的主人自家的族谱记载，他们的先祖，正是唐时从中原迁徙而来。

虽然客家文化的形成，与中原人口迁徙有关，已经得到了各界的广泛认同，但这并不等于说深圳客家就是唐朝中原消失人口的全部。因为，一千多年前的唐朝人口迁徙，是一

客家建筑一角

鹤湖新居

鹤湖新居供奉的先祖画像

个可以载入史册的浩大移民运动。

　　历史文献对于众多人口的去向，没有更多的记载。到底该怎样去还原一段有着千年历史的移民运动，又该怎样去描绘大迁徙背后的故事呢？

　　河南洛阳，横跨黄河中游两岸，中国历史上长时期的政治、经济和文化中心。唐王朝时，虽然皇室将首都定在长安，但洛阳却常常是皇帝的实际驻地。到了武则天时期，洛阳干脆取代长安成为了首都。如今，从洛阳博物馆众多珍藏的文物上，依然可以想见唐王朝时期的辉煌。

唐屋形式的建筑

客家屋围

客家祭祖大典

罗氏祠堂

罗氏祠堂内景

罗氏先祖牌位

洛阳博物馆藏马上乐队俑

胡人俑

北魏扁壶

胡人俑

博物馆里珍藏了一组彩绘陶俑，骑马的陶俑，具有典型的西域文化特点。在洛阳还发现过与乐舞有直接关系的一种文物——北齐时期的一件扁壶，扁壶的正面，就有一个跳西域舞的人物形象。

纵观历史，每一个王朝，都与吸纳融合不同的文化有着密切的关联，唐王朝也不例外。有资料显示，唐朝与各民族的文化交流融合，达到了从未有过的高度。据史书记载，因为唐朝皇帝非常喜爱一种叫做胡旋的舞蹈，所以唐朝很多物品上都留下了舞蹈的烙印，甚至朝臣的大殿，也经常会成为众多舞者卖弄舞姿的场所。于是有人说，正是胡旋这种美艳的舞蹈，致使世界敬仰的王朝一去不返。迷醉的胡旋舞与唐朝众多中原子民的消失，有着怎样的关系？

一千多年前的历史已无法复原，中国历史上最强盛帝国留给我们的蛛丝马迹，扑朔迷离。

那是一个纸醉金迷的时代。唐开元年间，上至宫廷，下到百姓，无不被胡旋舞折服。当时，举国闻名的舞者有两位，一位是杨贵妃，另一位是范阳少数民族将领——节度使安禄山。

关于安禄山起兵反叛的故事，人们耳熟能详。然而，这位藩镇将领还是一位胡旋舞高手，却鲜为人知。

关于叛乱，从盛行于今的唐诗中，可以找到描述："禄山胡旋迷君眼，兵过黄河疑未反！"白居易的诗句，虽有夸张成分，但能看出，安禄山取悦唐玄宗并得到赏识的重要手段之一就是他高超的舞技。享乐腐化的统治者，为拥有重兵的

胡旋舞女画像

节度使的谋反提供了机会。当喜爱变成沉溺之后，安禄山开始了行动。

755年，安禄山在范阳起兵反唐。仅仅过了三十五天，他就渡过了冰冻的黄河，攻占了洛阳，并在这里建立了燕国。

长达八年之久的安史之乱，把已经习惯了歌舞升平的中原大地，又一次抛进了无情的战火，强大的帝国连同他的子民，也再一次面临着生死抉择。

赵世瑜：唐朝和少数民族，无论是和是战，关系都是非常密切的。大量的少数民族内迁，使得在唐朝的北部和西北部，存在大量的胡人聚居的情况，这些地方很多领兵的大将，都是具有少数民族血统的人来担任的。

"天下衣冠士庶，避地东吴，永嘉南迁，未盛于此"。唐朝诗人李白的描述，透露着这样的信息：唐朝在安史之乱时，也曾发生过人口大迁徙，其规模远胜于西晋永嘉南迁大潮，并且，他们的去向是东吴。

古时的东吴，即今日的江南。在徽墨的指引下，专家的视线又一次回到这里，试图寻找唐朝众多消失人口的去向。

苏州，因其小桥流水的古城特色，而享有"东方威尼斯"的美誉。然而，离城区六七里的苏州虎丘山旁的一座墓冢，在松柏的环抱下，肃穆冷清。埋在这里的古真娘的故

葛剑雄：安史之乱爆发以后，由于叛军是从北方向南推进的，所以中原的人民，除了少量的人跟着皇帝可以西迁外，大多数人只能南迁。

安史之乱行军路线图

事，连同虎丘山的众多名胜，都被收录在《虎阜志》中。故事的具体详情，或许有后人加工的成分，但安史之乱引发的北方中原人迁徙到今天江南地区的史实，无可否认。

当地人说，这个真娘是唐朝安史之乱时候，从北方逃到苏州来的。她非常美丽而且善于歌舞，在苏州这个地方享有盛誉。但是她卖艺不卖身，守身如玉，死了以后就葬在这里了。

流落到江南的古真娘和安徽徽墨的故事，似乎帮助我们找到了千年前那些消失的中原人口的踪迹。但是，专家学者

葛剑雄：这个"吴"，根据它的原意来讲，并不仅仅指长江三角洲这一带，而是指整个南方，包括今天的江西、安徽、江苏、浙江这一带。

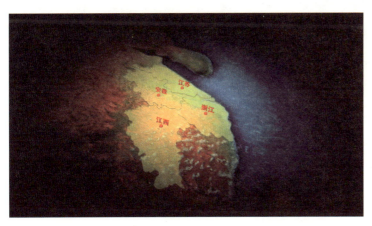

古时"吴"所指范围

们的进一步核实，使得唐朝人口南迁的史实再度迷雾重重。

据《墨经》记载：唐朝末年，奚超至歙州，见歙地多黄山松，而且质优，新安江流域的水质又好，故留此重操旧业。由此看来，奚超迁徙到黄山一带，并非安史之乱时期，而是唐朝末年。同时，一份唐朝时期人口统计普查资料的出现，使得唐代人口南迁的历史更加错综复杂。

根据《唐书·地理志》有关唐朝户口数量的统计，安史之乱后中原南迁的移民数量，并不能反映唐末中原地区人口减少的总量。事实上，安史之乱后避地江南地区的中原人，很大一部分又迁回了中原。

古真娘墓碑

《虎阜志》

安史之乱平定后，许多从政或者中原仍有产业的人们，回到了北方。虽然一部分人选择留在江南，但此时人口继续闽南移民的可能性极小。可以说，安史之乱引发的避地江南的中原人口，并不是唐朝人口减少的全部。而安史之乱结束后到唐王朝灭亡的两百年时间里，才是中原人口减少的重要时期。

是气候原因？还是肆虐的疾病？也或许又是一次战乱触发的人口迁徙呢？揭开谜题的钥匙，还要在广袤的南方大地上寻找。

福建西部山区，武夷山脉阻隔了这里与外界联系的同时，还形成了一个两百多平方公里的盆地。就在一个古时称黄连峒，而今天叫做石壁的地方，唐末中原流失的人口露出了踪迹。

葛剑雄：安史之乱避难南迁的中原迁民，大多停留在江西、淮南一带。安史的军队只占领了北方的部分区域，朝廷、军队都留在了北方，唐朝政府并没有在南方建立新首都。并且战争八年就结束了，很多南迁的中原汉民，为了应举、当官等等因素，甚至在战争没结束时，就有返回北方的。

然而，令人不解的是，这个至今山路弯弯、仍然交通不便的山里，在唐时却被称为"人间乐土"和"世外桃源"。

在闽、粤、赣山区，相传至今的家家户户挂葛藤的习俗，就与唐末黄巢起义有关。相传杀人无数的黄巢路遇一位妇女，见女子身背年长男孩而手牵年少女孩，便觉好奇。女子解释：身背的是先兄遗孤，怕被杀害，断了血脉；而手牵的是自家孩子，万一意外，还可再生。黄巢感念她用心良苦，便告诉她回家后在门上挂上葛藤，黄巢军队从此不再侵

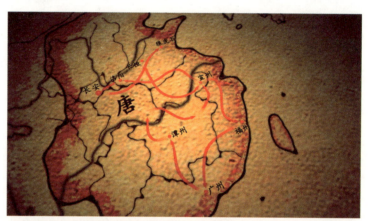

黄巢起义行军路线图

挂葛藤

犯他们。这位大嫂回去以后就跟村里的人讲了，村里人都挂起了葛藤，这个村子从此再也没有遭受到兵灾。

虽然有葛藤的村子就是安全地方的故事，仅仅是个传说，但它却告诉我们——唐末再次爆发了战乱，并且范围已经扩大到了中国南部地区。安史之乱虽以失败告终，但胡旋舞者引发的社会动荡并未停止。

875年，历史上规模空前的黄巢起义在河南长垣县爆发，中原大地再一次燃起战火。一支彪悍的、头带黄巾的农民起义军，引发了一场更大规模的动乱，甚至把强大的唐王朝推上了断头台。

战乱再起，中原子民不得不再次迁徙避乱。百年前成功的避地江南，促使迁民们再次到来。而徽墨创始者奚氏一家，正是这一时期避难至安徽的。

原本在中原就以制墨为生的奚氏，抵达歙县后顺理成章地操起了旧业。经过不断改良研究，更多工匠的创新加入，使得徽墨最终成为了墨中奇葩。然而，奚氏的迁徙故事，仅是众多中原移民中的一个成功代表。更多迁徙者们，踏上的却是一条充满辛酸血泪的不归路。

黄巢起义最大的特点，就是没有建立固定的根据地，始终处于流动作战中，几乎所有的战争物资，都要边打仗边筹备。这种作战特点使黄巢军队的破坏性异常惊人。

专家认为，黄巾起义的作战特点最直接导致的，就是大规模的迁徙浪潮。移民史专家做过这样一个统计：安史之乱前唐朝北方人口达五千多万，而唐末北方人口只剩下了区区

蓝勇（西南大学历史地理研究所）：黄巢起义军先从河南到浙江、福建、广东、湖南、湖北、广西、江西，后又北伐河南、陕北，再回河南，可以说囊括了大半个中国。

蓝勇：中国历史上，黄巾起义和清朝的太平天国运动是范围最大的两次农民起义。这种农民战争程度的扩大，在一定程度上反映了移民开发空间的扩大。

七百万,四千万人口就这样在这两场劫难中消失了。谁也没能想到,一场由胡旋舞者引发的动荡,给那个强大的王朝带来了如此的灾难,给那些中原子民带来了无尽的痛苦。

与黄巢起义不同,由于安史之乱引发的战争主要在北方,人们还可以选择去江南避难。但是,当黄巾起义军把战火燃遍大半个中国之后,避地江南也不再安全。

此时,从江南到岭南,那些曾被认为是交通不便、极为封闭的山区,成为了更多中原难民的庇护所。

今天,宁化石壁已经从小村落发展成为一个拥有三万人口的小镇,这里有明确族谱记载的姓氏达两百多个,众多的姓氏中,有一部分应该就是在唐朝时期迁入的。

自此,那个强盛王朝消失人口的去向清晰明了。经过安史之乱的避地江南,以及黄巾起义初期的再避江南,唐朝中原子民很大一部分迁徙到了江南地区。并且随着黄巾起义军

蓝勇:在中国经济中心东移南迁这种大背景下,唐代后期南方地区就得到了有效的开发,很多从北方迁到长江流域、迁到吴地的移民,就有不少继续往南迁徙,迁徙到更适合他们生存、更有发展空间的地方。

福建西部山区

战火的南移，避地江南的百姓中，一部分人口又再次向更南边迁移。

虽然，对于深圳客家的迁徙故事，我们还不能给出一个十分清楚的描述；但客家老人讲述的祖上迁徙史，与唐末人口继续向南的大迁徙运动，不谋而合。

安史之乱开始形成的唐中后期的人口迁徙，是我国历史上继永嘉之乱以后第二次北方人的南迁浪潮，移民遍布南方各地，曾经高不可攀的上层文明，也由此逐渐进入民间。这次大批的政权贵族、文人墨客以及艺术家的南迁，使得北方先进的文化、技术进入到了南方。以至于，虽然此后政权仍大多停留在北方，但中国的经济、文化中心，却从此转移到了南方。

绚丽的舞蹈，古老的传说，唐朝华夏文明的火种，随着避地江南的移民运动，逐渐播迁至中华南方各地。

葛剑雄：在农业社会里，经济的发展跟人口的数量基本是成正比的。随着一次次人口的南迁，南方的人口不断增加，安史之乱以后就到了从量变到质变的阶段，也就是南方的人口在整体上跟北方差不多了，并且经济逐步超过了北方。在经济发展的同时，也把北方的文化传播到了南方。根据一般的说法，就是从唐朝后期开始到北宋，是南方经济超过北方的一个阶段。它的背景就是移民。

苏州街景

　　然而，当黄河母亲以她博大的胸怀抚平战乱的创伤之后，中原大地又焕发出了勃勃生机，那些沉痛的往事犹如滔滔黄河之水奔流而去。但我们知道，历史上关于中原儿女大迁徙的故事，仍在继续。

第六集　一迁再迁

他们是宋王朝的后代，他们居住在高山之巅。
追寻皇帝的脚步，再现举国南迁的是非曲直。

八百八十年前的十月，一支数十万的草原军队，展开了一次"斩首行动"。一年过后，就将拥兵百万、繁荣富庶的中原帝国——北宋送进了坟墓。当时的北宋都城、今天的河南开封，被南下的女真人攻陷，北宋灭亡。

就在昔日锦衣玉食的皇帝成为阶下囚的两年以后，一个迅速登基的新皇帝和他庞大的国家机构，出现在南国的土地之上，随之而来的还有众多曾经生活在中原的子民。

近百年后，经过休养生息的南下王朝，已发展成为当时最富有的国家。然而，当另一支草原铁骑挥刀南下时，飘零的王朝最终覆灭，故国的子民再次面临生死存亡的选择。

今天的人们，追寻王朝跨越千里迁移江南的轨迹，希望看到被统治者一次次抛弃后的中原子民如何写下生存的篇章。二十世纪八十年代，福建宁化地区张氏家族在修订族谱时，获得了一个意外发现。宁化石壁镇现有三万五千余人，而张氏居民就有两万九千人。据张氏族谱记载，张氏祖上唐宋时从中原迁到江南一处高山之巅开辟居所。由于随之落户的有近千户人家，因此被称为"千家围"。

然而，在现今的宁化县行政区划中，并没有一个叫千家围的地方。于是，从二十世纪末开始，当地考古学者开始寻觅这个神秘的古村落遗址。但他们搜遍附近大山小溪，却一无所获。这个传说，直到十几年后才有了结果。

2008年，宁化博物馆馆长李端一行，开始重新探寻千家围遗址，在当地乡民的带领下，发现了一个千年古村落。他们认为，发现的一处遗迹应该是千家围的一个城门，人工堆

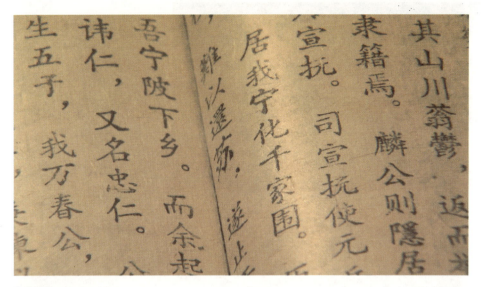

张氏族谱

张氏家庙

砌的痕迹非常明显。

　　奇怪的是，一般人们会选择交通便利且适宜生存的地方建立居住点，而千家围遗址却位于海拔一千米高的大山之上。即便现在，人们也要在陡峭的山坡上费劲攀爬两个小时，才能到达山顶。

测量千家围

《清明上河图》

《清明上河图》

传说中的千家移民，为何移居偏僻的大山之中？拨开杂草丛生的土地，只留下一些碎石断壁。那么，重新追述那段王朝更迭的历史，能否为我们找回掩埋的真相呢？

1951年，令中外考古界寻觅已久的《清明上河图》真迹，在东北博物馆被发现。这幅长长的画卷，让人们真实地看到了北宋都城开封曾经繁华的景象。

《清明上河图》中，虹桥北面大梁门下的古马道，已于2000年5月23日经考古发掘呈现在世人面前。马道长三十四米，宽八米。在这条古道上，曾演绎过几代王朝兴衰的历史。

就在开封古马道被挖掘后的第四年，考古界在杭州中山路，又发现古城道路遗址。经考古证实，这是宋高宗赵构于1129年，在北宋州治旧址修建的宫城御街。

杜正贤（杭州文物保护博物馆馆长）：从考古挖掘的情况看，这条御街宽度大约在二十米到三十米之间，中间部分是皇帝走的，两边是随从走的。

考古发现，杭州御街贯穿皇城南北，皇城正中的所有城门都通过这里。巧合的是，御街走向与今天同样贯穿杭州

杭州南宋御街遗址

城的中山路相重叠。如果我们将时间回拨八百年，这条中山路，就是南宋皇城的中轴线。

　　同样的宋朝都城，一个在中原开封，一个在江南杭州，虽然人们对北宋灭亡的历史记忆犹新，但史料中关于举国南迁的过程和路线却很少记载。

　　1126年，北方金国人大举南下。十一月，金军攻破开封城，数十万军民从万胜门夺路而逃，原来强大的帝国，仿佛成为任人宰割的羔羊。当时的史料记载，仅开封一地，就有十余万百姓被当作奴隶抓往北方。

　　为了不被金人掳走，活着的人即使是跋山涉水，也要追随国君的脚步，而刚刚登基的皇帝赵构，也成了难民。于是，在金兵的追击下，向南方的大逃亡开始了。然而，从开封到杭州相隔千里之遥，皇室和百姓是怎么完成举国南迁的呢？

河南开封古马道遗址

　　研究移民史的专家分析，在金人的围追堵截之下，大批皇室人员和百官以及所携带的必备物资用品能最终到达杭州并不简单，首先要解决的就是运输工具问题。

　　在今天山东济南南宋著名词人李清照的纪念馆，一张行踪图把她和那段大迁徙的历史勾连了起来。

　　追寻朝廷南下的李清照在《渔家傲》里写下了这样的词句："天接云涛连晓雾，星河欲转千帆舞。仿佛梦魂归帝所。"虽然词句描绘的是这个文弱女子被朝廷抛弃后的无奈之情，却也告诉我们，宋高宗在南下后曾坐船避难于海上。

　　那么，诗人笔下这个千帆舞的船队，是梦境中的幻想还是大宋南迁的历史事实呢？

　　浙江宁波镇海是当年赵构下海的地方。历史上，这里是"两浙门户"，重要的海上要道。如今有关当年南逃的遗迹全无，只留下一些鸦片战争的遗物——铁炮和安远炮台。

　　据当地专家介绍，宋朝军队曾在明州一带阻击了完颜宗

南宋遗址陈列馆

南下路线图

山东济南李清照故居

李清照石雕像

弱的金兵一个多月，因而朝廷才得以招购和打造上百条船只并从镇海遁逃海上。宋朝时所用的船舶模型，如今保存在宁波市博物馆。

当年赵构上不了天，茫茫大海成为了他唯一的避难场所。不过，对照李清照所记载的南下经历，她曾追赶朝廷到了台州，虽然距离明州并不远，但她并没有到达赵构下海的镇海海边。这中间应该另有隐情。

宁波镇海临近杭州，而且从杭州沿运河可直通中原。根据文献中有关记载，专家绘制出了靖康之乱后三条南迁移民

北宋船模型

威远城门

路线，其中东线和中线形成了鲜明的对照。东线基本就是从淮河的支流，然后过长江下来，这是主要的路线，人最多；中间是从洛阳南下，然后从襄阳走水路。

在大批百姓于东路过长江迁徙南方的同时，朝廷却通过隋朝时修建的运河经扬州然后到达临安。按照宋代地图的标示，专家认为，商丘以南的汴河，就是宋王朝南迁的起点。

但是，宋代地图所示的隋唐大运河的商丘段，如今却是商丘到永城的南线公路，并且，公路路基高出地面两米，很难想象这里就是当年繁忙的汴河。然而一次考古发现，证明这里就是大宋后续王朝告别中原的地方。2007年、2008年，当地考古工作者在公路南端发现了大运河的码头遗址。他们分析，这段码头遗址的年代，应该是在北宋末年。在修建商

商丘汴河对比图

商丘夏邑博物馆藏铁锚

永公路时，这里挖出了大量宋朝瓷器，其中还有一只一人多高的铁锚。这些考古发现证实，现在的商永公路，就是当年汴河的故道。但这条当年南北交通的要道，为什么会突然间消失了呢？

从有关地理文献得知，为了摆脱金人的追击，赵构曾下令将汴河填死。但专家认为，匆忙之中填死汴河可能性极小，汴河应该是逐渐淤塞而消失的。实际上，一直到落脚临安，朝廷从没有摆脱过金兵的追击。

从开封一路到杭州再到浙江海上，赵构为了不让金兵发现自己的行踪，下令普通官员和百姓一律不得追随。因此，词人李清照虽然追寻皇室到了台州，但始终没能跟上皇帝的脚步。

在岭南的深山老林中，千家围的居民们用山石为自身筑起了安全的壁垒。这里四面环山，移民们用附近山石搭建房屋，异常坚固。今天石壁的人们，依然享用着用这种花岗岩石建造的廊桥，历经千百年风雨，廊桥依然如故。

　　为了安全，千家围的人们在高山之巅用岩石搭建房屋，但历史告诉我们，千家围并不是为躲避金兵南下而搭建的城堡。因为张氏族谱记载，他们来此的时间，是在北宋灭亡以后的一百年间，而靖康之乱后跟随皇室南下的大部分移民，都到了杭州一带的江南地区。

宁化石壁镇

千家围全景

从1127年开始到1141年宋、金签订和约为止，百万中原子民跟随着皇帝的脚步，踏入了南国的土地。据史料记载，"高宗南渡，民之从者如归市"。虽然有少部分人随隆祐太后逃到赣州等地，但大部分南迁移民都汇集到了杭州周围。

二十世纪九十年代，继皇城御街遗址的发现，考古工作者又发掘出南宋皇城四周的城门、城墙。继北部城墙发掘后，南部城墙也在宋城路一带被发现。这段城墙是由夯土与碎石夯筑而成，宽八到十一米，现存高度一米八到两米。考古证实，南宋皇城东起凤山门，西至凤凰山西麓，南起苕帚

葛剑雄：靖康之乱以后一直到整个南宋期间，不断有人迁入杭州城周围，所以实际上，杭州后来的发展，已经不够城市的建制，城外面都是人，形成的市镇比城内还要大。

杭州宋园木偶戏表演

杭州宋皇城遗址

湾，北至万松岭，总面积达四万五千平方公里，基本与开封皇城相似。

大宋王朝不仅依照开封皇城的模样在杭州重建了都城，还把中原文化移植到南国的土地。今天，站在杭州西湖北山向南眺望，看到的是丁家山下的大麦岭。

文献记载，曾做过知州的诗人苏东坡来到临安，看到大片麦田，因此写下大麦岭摩崖题记。这种以食物为标志的地名，如今分布在杭州的大街小巷。这些地名说明，当时临安在饮食上已无南北之分。

其实，移民形成的文化，在以后的几十年中深入到了生活中的各个领域。据钱塘人吴自牧追忆临安盛世的《梦粱录》记载，城内各个角落到处使用宋代官话，致使以后的杭州话，成为了吴语区的孤岛。

中原文化在虚拟的汴京中传播着，南宋人依然如在东京

葛剑雄：杭州是整个南宋的行在所就是临时首都，所以一方面是政治中心，另外因为商业、服务业各种行业都很发达，所以也是经济的中心，文化的中心，集中了大量的北方移民。

大麦岭

杭州街道

一样醉生梦死。"暖风熏得游人醉，只把杭州作汴州"。然而，掩映在凤凰山丛林中的荒废遗址告诉我们，"临安"的繁华正如它的名字，不过是过眼烟云。

经过考古工作者进一步探查，与南宋江南地区经济发展、文化融合相比，石壁千家围却异常封闭。据当地县志记载，唐、宋以前这里森林密布，野兽出没，交通阻塞。在这种条件下，最大的难题是千户人家的饮水问题。虽然山下有潺潺流水的小溪，但经过考察，并未发现引水上山的沟渠痕迹。究竟是什么力量使人们在如此异常的空间生存？

二十世纪末，广东清远地区发现了具有浓郁北方特色的古村落。这里的建筑像官帽一样，当地老百姓把它叫做"屋耳"楼，认为只有大户人家、官宦出身的家族，才有能力有资格建筑这样屋耳楼样的建筑。

上岳村古村落

上岳石碑

　　这样的具有北宋时期建筑特色的遗址，又一次惊现于
南国土地。与杭州南宋宫廷遗址不同的是，这些古村落出现
在更靠南边的岭南地区。考古专家在上岳村发现了一个残败
的墓地，而墓地主人朱文焕的身份，成为南宋王朝再次南逃

朱文焕墓碑

并最终覆灭的真实见证。这里的村民全部姓朱，他们都是朱
文焕的后裔。据《宋史》记载，朱家的祖上是著名理学家朱
熹，而武将朱文焕在随南宋皇帝逃跑时战死在上岳村，因而
被正史列为"文死谏，武死战"的功臣。

又是一个寒风瑟瑟的秋季，争霸了半个地球的蒙古草原
部落，终于将目光对准了南宋王朝。虽然南宋在百年之间经
济获得迅速恢复，但在蒙古铁骑下，大宋王朝最终覆灭。最
后的逃亡开始了。皇室和她的百姓，有多少人开始新一轮的
迁徙？他们又去了哪里？没有史学家确切记载南宋皇帝最后
落脚在哪里，更何况四处逃亡的百姓？

在东南沿海，考古专家找到了一个被称为有宋皇村遗
址的岛屿。据说南宋最后两位皇室宗亲端宗赵昰、卫王赵昺
兄弟为逃避元兵追赶，在大臣等护卫下逃到这里建造行宫营
房。据地方志所载，岛屿称为硇洲岛，相随到岛上的朝臣、
官兵、船民、宫女等达十万之众，遂"伐木建行宫……处之
行朝草市，百官有司皆具，造军屋三千余间"，故名"宋皇
村"。但对于这段神秘的历史，史学家们颇有争议。

宋皇井遗址

宋皇城古遗迹

也许，宋朝末代皇帝鉴于先辈赵构航海避难的经历，把
最后的希望寄存在了海岛之上。但海市蜃楼般的景象，终究
消失在了茫茫大海之中。面临王朝的覆灭，皇帝可以依岛建
房，众多南下的百姓又能避难何方呢？

在追寻南宋灭亡后移民们的落脚点时，闽南地区一个被
称为赵家堡的村落进入了专家的视线。这里的村民坚定地认
为，他们是宋代皇族的后裔，是在南宋战败以后逃难到闽南
少数民族地区，而土堡正面的楼牌，似乎在为宋朝后裔们作
着注释。

赵家堡完璧楼

这里的村民认为他们的先人虽然逃到闽南这个地方，
脚踏的是盐地，但头顶的还是宋天，因为"完"字上面的一
点写成一撇也是天子的天字，这字主要是宋元结合的一个
"土"字；"壁"字把底下的土字去掉了，比喻南宋的那一

点江山丢掉了；那个"楼"字上面的米写成草书的宋字，底下的女写成"安"字，把木字旁写成大字，比喻大宋子民在此偏安。

从赵家堡的传说可以得到这样的启示：人们总是在寻找和平的地方安家立业，虽然他们念念不忘自己的故乡。隐秘在大山之中的真相渐渐呈现。

通过石壁张氏后人的回忆，考古学家在无名山岗的南面，找到了一个由山泉和雨水汇集而成的水坑，当地人称之为天子塘。据张氏老人回忆，小时候他们看到的水面，要比现在大很多，完全可以解决上千户人的饮水之用。

随着南宋王朝的覆灭，岭南以及更南边的东南沿海成为移民避难的理想选择。张氏家族应该就是这一时期避难到石壁的。

古村落、赵家堡、千家围，这些地方不仅地点四散，而且与江浙一带相去甚远，逃亡的百姓是如何到达这里的呢？

史料记载："凡自浙入闽者，由清湖渡舍舟登陆。"今天，顺着仙霞岭古道前行，还能看到这座清湖码头。作为从江浙到岭南最短的路线，也是移民南迁的最佳选择，沧桑的古道，记录了移民又一次南迁的历史。

如果说，北宋王朝南迁时人们还有国君可追随，那么一百多年后，他们则是自发地寻找到了自己的家园。张氏家族以及千万失去家园的人们一迁再迁，从江南到岭南，他们不断地开辟着新的生活。大宋南迁以及之后的持续迁徙，既是历史的遗产，也是现代启示录。北方人民的南迁，促进了

赵世瑜：移民通常是从浙江沿着陆路通道进入福建，或者是从浙江的腹地到江西然后再转到广东。

葛剑雄：到了这个时候，南方的人口从数量上已经完全超过了北方，并且这个形势再也没有逆转。

赵世瑜：江南地区随着人口的增加，原来的长江中游，甚至是珠江、闽江流域的一些地区，也开始了开发的过程。

民族统一性的发展，也为众多民系的形成和发展奠定了坚实的基础。

回望南迁路上淤塞的汴河、寂寞的皇宫、落寞的村庄甚至海中的孤岛时，不禁感到历史的悲怆与厚重。但是，中原文化的明珠已从神圣的殿堂散落到民间，虽被尘埃覆盖已久，但终难掩其夺目光辉。

第七集　落地生根

这是中华民族迁徙历史的分水岭，

这是华夏文明在南方的落地生根。

千年迁徙路，

家园与心灵如何重建？

文明与希望怎样传承？

持续不断的中原纷争，拉开了中原汉民大迁徙的序幕。

从江淮之间到江南地区，再进入岭南大地，他们一次又一次地向南迁徙，不仅为生存寻找新的家园，还为中原文明在南方大地播撒新的火种。

很多年后，当学者们将一些平凡的生活片段所赋予的文化内涵勾连在一起时，一段中原迁民的心路历程和中原文化在南方的播迁过程变得清晰起来。

二十世纪六十年代，先进的外国卫星在中国南部闽、粤、赣交界山区，发现了惊天的秘密：大量的核设施建筑群坐落在这里。

直到乔装改扮的外国情报人员亲眼见到了这些建筑，他们才知道，这只不过是一些被叫做土楼的客家楼群。

那些中原迁民创造的建筑谜题，以这样的形式在世界舞台上亮了相，突然间，世人的目光一下子聚焦到了这里。

土楼墙面上不仅覆盖着历史的灰土，也紧裹着一层人们对它的误解。事实上，这些奇特建筑，不只是通向迁徙历史的一个窗口，里面还承载有中华民族又一次的文化创造。

曾经令外国人震惊的建筑，历尽千年的风雨飘零，依然享受着世人的注目礼。这些神秘的文化符号，是独创的文明，还是传统的继承？发现之初，这些根本无法定论。

土楼主要分布在我国福建西南山区，是世界上独一无二的大型山村民居形式，被誉为"东方古城堡"。关于它是如何悄然登上历史舞台的，至今仍是人们争议的话题。

根据《宁化县志》记载，由于当时土寇蜂举，百姓不

福建南靖土楼

得安宁，巫罗俊便率众修筑土堡，而土堡就是福建土楼的前身，素有"土楼之母"的称谓。

目前，在三明市境内，还保留有土楼共八十多座。然而，在今天这些形态各异的土楼中，我们无法看到当年巫罗俊筑堡卫众的遗迹，巫罗俊的故事似乎更像一个传说。曾经

土楼土夯墙体

用于防寇护卫的古堡，沉入史海，不见踪影。

　　遥远的历史再次在人们的记忆中洒下尘土，一番调查之后，巫罗俊修筑的古堡，依旧被掩埋在尘封的岁月中。

　　然而，关于巫罗俊的故事，在宁化地区至今还流传着一句话："先有巫罗俊，后有宁化城。"

　　按照当地巫家老人的说法，巫家是较早来到宁化的人。隋大业年间，巫罗俊随家人在迁徙途中憩息宁化石壁一带。

福建三明古堡

三明古堡

一天，巫罗俊在放鸭时，偶然发现母鸭从水池深处带出来一群小鸭。他得到启示，连母鸭都把窝搭建在这里，说明石壁是一块风水宝地，于是他决定长居于此，所以也才有了巫罗

福建宁化怀土乡土堡墙体

宁化当地工作人员在寻找土堡

俊是宁化第一人的传说。

如此具有传奇色彩的故事，是否仅仅只是一个美丽传说？巫罗俊当年修筑的土堡又会在哪里呢？当地专家展开了更为广泛的调查搜索。终于，他们在宁化县一个叫城上乡的地方有了发现。

根据在城上乡发现的一座土墙残留的现状来判断，土墙在修筑之时的面积超出了人们的想象。经过勘察，当地考古人员发现，这座土堡遗址残留的墙体大多没有石基，而墙身通体以生土夯成，这便是中国建筑中最古老的建筑技术之一——夯土。

这种古老的建筑技艺在中原的应用，比在其他地方早很多。今天位于河南省郑州市中心的商城遗址，就是保存完好的夯土遗迹。从这两种古文化遗址中，可以清晰地看出，土楼与商城遗址的建造技术是一样的。

土楼斑驳的墙面，是大自然留下的印记；而人为笼罩在土楼上面的迷雾，却该是消散的时候了。

随着中原人口的一步步南迁，故土中原的先进技术被带到了南方，在吸收了当地文化之后，迁徙者们与当地人一起着手修建了属于自己的家园。他们用这样的家园，宣告自己新生活的开始，也为多年的南迁划上了句号。但是，这些奇特的土楼，能成为众多流民心中的家园吗？

一千多年前的战火、自然灾害，逼迫中原先民离开孕育自己的土地，一路南迁。他们发现，陌生的环境里，周遭的一切与中原家乡变得不同，迁民们所能够感受到的，只能是潜

福建永定湖坑土楼群

福建永定湖坑土楼

福建永定南溪土楼群

福建永定湖坑振福楼

意识当中不断闪现的"自己是外乡人"的事实。

南方群山环绕的地形与安定封闭的环境，给南迁的中原移民提供了一个安全的栖息地。但是相对落后的山地文明，也给生存带来了麻烦。

根据众多的民间族谱记载，迁民们来到南方丛林之后，屡有土寇滋扰、山贼入侵。于是，建造一座真正属于自己的家，成为他们内心最为迫切的愿望。但是，将要开始一段什么样的新生活，又该修建一座怎样的家园，都是亟待解决的问题。

这些形态各异的土楼，无论是方型还是圆型，都将他们自己围在其中。至今生活在这里的人仍是聚族而居，他们是

雷明（心理学家）：一个人离开自己熟悉的原生环境，包括自然环境和人文环境，还在路上时，并不能预知自己遇到的会是什么，这个人在潜意识当中，会呈现出一种预备状态：就是会设想我可能要遇到什么，我遇到之后该怎么办。到了地方，这种预备状态会使他对当地，不管是人文环境还是自然环境的适应，得到相当的帮助。这时候，这种预备状态的强和弱，就会决定一个人适应新环境能力的强与弱。

福建永定南溪长城土楼

雷明：一个人在一个新环境中，会有一种格格不入的感觉，他需要自我保护。这个时候，这个人首先要有一种家的感觉，这种家的感觉，首先必须和他原生环境尽量相似。第二，要让他在这个全新的环境中，找到一定的安全感。那怎么办？莫过于把自己包起来。

雷明：一个人如果每天都在内心深处期待原来那个地方，他一定会在行为上外化出来，他会体现出来跟以前那个环境当中雷同的各种行为，甚至会把新的地方变得和原来的地方越来越像。那他怎么变？好，他就要教新地方的人，去认他原来那个地方的文字，学习相对先进的各种技能，包括怎样去耕种，怎样去建造住房。我们说文化的流传，基本上就体现在这个过程中。这种在文化层面上的相互认同，使得迁民获得了真正的心理层面的归宿感，也就是所谓的找到了家的感觉，这个很重要。

葛剑雄：移民在传播文化的过程中，上层和底层是有不同的。上层的人，比如皇帝、贵族、官僚，里边有一些杰出的文人，他们到哪里，当地人都会模仿他们的文化。

葛剑雄：南迁之后，皇帝、贵族还是讲原来的话，河南话，还有他们带来的随从、侍应，为他们服务的商店、寺庙等等，连其他地方的移民都说河南话，杭州的土著也都要学他们的话，所以就形成一个方言岛。到明朝的时候，杭州城里人讲话还是北方话，今天还保留儿化的现象。

有着血缘关系的同宗同族人。

从平原到山区，也许连中原移民们自己也没有想到，这便是新生活的开始。然而对于故土，他们充满了不舍和深深的眷恋。走得愈远，思乡之情就愈为浓烈，随着时间的推移，精神也在苦难中锻造。

南迁的先民们知道，不可能把自己同外界完全隔离，无论是血缘还是文化，他们清楚，必须将根文化永久相传。

千百年来，深受儒家思想熏陶的中原移民所汲取的中原文化，成为了他们赖以生存的根本。他们意识到，只有崇文重教，才能保障文化的传承。

当地客家祠堂都有自己的田产，分为两个部分：一部分叫蒸尝田，收益是用来祭祀祖先的；第二部分叫儒租田，收益是用来资助和奖励家族中的子弟读书的。

"朝为田舍郎，暮登天子堂"，中原先民传承的崇文重教遗风，不仅改变着他们的生活，同时也是自我觉悟和自我修养的精神寄托。

根据《宁化县志》和《巫氏族谱》的记载，唐太宗贞观三年，巫罗俊自行上书，向皇帝提出：黄连峒地广人多，可以授田定税。因此当时名为黄连峒的石壁正式建制，成为黄连镇。此时，客居他乡的人们也许连自己也没有意识到，他们所谓"客人"的身份，正开始悄悄发生着转变。

那么，在剑指欧洲的蒙古铁骑马踏中原、先进的中原文化遭受到前所未有的打击下，南宋之后，中国为什么出现了南方文化压倒北方文化的趋势？南迁的汉民又是如何完成对自己精神文化的重塑的呢?

随着北方游牧民族的入侵，帝国的统治者们也加入到了迁徙的队伍，也因此引发了更为广大的人口迁徙，众多的帝国子民纷纷追随皇室的脚步，来到了南国的土地。当然，皇室的南迁，也带来了大量的上层移民，李清照、尹淳、陈去非、辛弃疾等一批社会精英的南渡，使得中原文化重又在南方的土地上复兴传播。

根据史料记载，南宋高宗每日的食谱上都有面食。粟和麦是我国古代北方的主食，原本南方种植较少。有着农耕文化的移民，大大促进了旱地作物的向南传播。自宋高宗以后，南方除岭南之外，各地普遍种植了小麦。

显然，在中原南迁的人口中，上层移民毕竟是少数，下层移民才是迁徙浪潮的主体。随着下层移民的不断增多，中原移民在不断改善新家园的同时，还在家中最为显眼的地方，端放上先祖的牌位，通过祭拜，倾诉思乡之情。

在世界各古老的民族中，都无一例外地出现过对祖宗的崇拜。而在中国，以儒家思想为核心的汉文化，更是对崇祖的传统推崇至极。中原先民把宗祠建在最重要的位置，无疑也使得四处飘零的心再次有了归宿。

这些鲜活的文化符号，所负载的人文、历史和艺术信息，是中原先民在不断南迁之后世代传承下来的珍贵文化遗产。透过这扇历史的窗口，我们看到了中华文明在江南、岭南等广大南方地区的又一次生根发芽。

北方移民的南迁，促进了南北文化的交流与融合。尤其

雷明：土楼是有一个中心的，所有的同姓的族人，会在这个中心之外，围起一圈又一圈。落地之后，第一代迁民可能会觉得我是没有根的，但是，有了家之后，有了子子孙孙之后，就是落地生根了，那些围绕在第一代迁民周围的子孙，他们不会认为自己是没根的。

赵世瑜：实际上，从南宋以后，中国的江南地区，除了太湖流域这种狭义的江南以外，像江西、湖南、湖北，甚至是像福建、广西这样的一些地区，慢慢地都进入到一个深度开发的过程中。

是在南宋时期，北方的文化营养大量注入南方，不仅影响了南方的饮食、文学和艺术，还影响了服饰和方言等。中原先民在极力守望自身母体文化的同时，经过特殊地域的文化融合，在这片土地上繁育出了更为璀璨辉煌的华夏文明。

夕阳下那条宽广、蜿蜒的金色大河依旧会在梦里出现。在不断怀念故乡的那段岁月里，黄河，这条孕育了中华文明的母亲河，已深深融入了他们的血液，并成为他们生命记忆中最为宝贵和不可分割的一部分。

然而，中原文明在历经数次南迁，暂获喘息，开始在南方孕育成形时，中原故土却再次遭遇了更为巨大的波澜。母亲的乳汁再也无法抚平儿女的伤痛，泪水将故土淹没。明朝洪武、永乐年间，中原大地人口骤减，华夏子民再次面临前所未有的挑战。

第八集　槐荫九州

一个脍炙人口的移民传说，

一个动人的民间故事，

千年古树，见证了波澜壮阔的迁徙，

口传历史，述说着大槐树移民的辛酸。

元朝末年，中原地区冀、鲁、豫、皖等地灾祸频发，人口骤减，几乎成为无人之地。数百年之后，在这片土地上广为流传着这样一句话："问我祖先来何处，山西洪洞大槐树。祖先故居叫什么？大槐树下老鸹窝。"

这便是现在民间广为流传的大槐树移民的传说。据资料考证，明朝初年，北京、山东、河南、山西、四川等地的确发生了大规模的人口迁徙，移民史学者称之为"洪武大移民"。但是，为什么移民的后裔们，都把此次迁徙的源头指向山西洪洞大槐树呢？

1958年，河南汲县郭全屯发现的一块石碑，在当地引起了不小的轰动。经专家鉴定，这块石碑出于明代洪武年间，石碑上的字体虽然模糊不清，但依稀可见"大明"、"卫辉府"、"迁民"等字样。经考证，石碑记载的是明朝洪武年间，山西泽州迁民落户汲县的编组情况。

山西洪洞大槐树景区正门

河南卫辉市明代迁民碑

　　迁民碑的发现，再次将人们的目光聚焦到山西。随后，人们在河南、河北、山东、北京等地，陆续发现了许多家族族谱和宗祠碑，这些族谱中均提起洪武、永乐年间从山西迁来的历史。而在今天的河南、河北、北京、山东等地，也均发现有以槐树命名的槐树庙村、大槐树村、槐树庄村等地名。这一切，无疑都印证了大槐树的移民传说。但这个口口相传的故事背后，掩藏着怎样的历史呢？

山西洪洞大槐树景区

民间流传的大槐树传说的发生地，就在今天的山西省洪洞县。如今，在洪洞县城北的汾河东岸，有一座大槐树寻根祭祖园。这里名声传遍五湖四海，每年游人不断。越来越多的人来这里寻根问祖，因为在他们心中，他们的"故乡"就是洪洞大槐树。

万民萦怀的古大槐树灵旁，有座刻有"纪念"二字的石碑，碑文记载着明朝移民实编和移民就食的情况。根据碑文记载，在元末明初时期，山西发生了大规模的人口迁徙，而当时"树身数围，荫遮数亩"的一棵汉代古槐，成为了各地移民的聚集之地。

纵观历史上的数次迁徙，或因战争、自然灾害，或因政府政策等原因，华夏儿女都是被迫无奈离开家园，远赴他乡。但是，为何山西洪洞的这次迁徙出现了一个移民聚集地？这个口头相传的民间故事，是否具有一些历史依据呢？

根据《明太祖实录》记载，明朝建立后，中原地区处处是"人力不至，久致荒芜"，"连年饥荒"，"百姓流离"，朱元璋深知"中原草莽，人民稀少，所谓田野辟、户口增，此正中原之急务"。

于是，朱元璋采纳户部郎中刘九皋、国子监宋纳等人的建议，决定在全国范围内实施移民屯田、奖励开垦的重大措施，一场大规模历时近五十年的大移民就此开始。

自洪武六年到永乐十五年，在近五十年内，先后共计从山西移民十八次，其中洪武年间十次，永乐年间八次。

在大槐树寻根祭祖园内，设有古大槐树灵、思源潭、

山西洪洞地区专家：这次移民为什么叫大槐树移民呢？这是因为在明朝初期开始移民的时候，明朝政府在古大槐树后的广济寺，设立了移民管所。广济寺门口的大槐树究竟有多大呢？传说它是一株汉槐，树身数围，荫蔽数亩，这样的大槐树显然是这个地方的地标物。移民在这里办理手续，时间一长，大家都号称是大槐树移民。

赵世瑜：明朝初年，经历长期的战乱，各个地方人口损失、经济破败，因此明王朝也希望从人口比较密集的地方，迁徙一些人口到那些破坏比较厉害的地方去进行生产。

山西明代移民遗址碑

山西洪洞县外来寻根问祖的游客

葛剑雄：实际上，山西移民去向有几个地方。一支是从晋东南的长治往下，直接到河南；还有一支就是自今天的太原从娘子关进入华北；还有一支从北面，就是今天的大同，沿着今天的京包铁路方向，进入北京周围。

赵世瑜：我们今天有很多脍炙人口的关于大移民的传说，几乎都把源头指向了明太祖洪武年间或者是明成祖永乐年间。这样的指向不是没有原因的。朱元璋建都南京后，面临一个非常大的困境：这里虽然是鱼米之乡，是人才荟萃之地，但也恰恰是他原来最敌对势力曾占据的地方。这些势力的残余有可能对他还产生潜在的威胁，为了避免这样的威胁，朱元璋就实行了一些政策，比如将当地的一些富商大户迁徙到其他地方，把他们的势力分散出去。

献殿、祭祀广场、祭祖堂等景点，祭祖堂里供奉着所有一千二百三十个从大槐树下迁出去的姓氏牌位，大大超过了百家姓。

根据民间搜集的大量资料，大槐树寻根祭祖园，向世人还原了一个波澜壮阔的迁徙画面。里面一些根据民间传说和族谱记载还原的泥塑，向人们展示了一个个催人泪下的迁徙故事。其中一对兄弟赠佛离别的场景，更是栩栩如生地描绘了当时移民不忍离家的辛酸。兄弟赠佛的迁徙故事原型就是今天的山东省菏泽市曹县魏刘氏的祖先。

根据《魏刘氏族谱》记载和民间传说，大明洪武二年，朱元璋颁发迁民诏书，要求山西一带的居民迁徙到燕京、河北、河南和山东一带。

移民伊始，明朝政府在广济寺设局驻员，集中办理移民，并颁布告示：不愿迁徙者，到洪洞广济寺大槐树下集合。消息不胫而走，大槐树下很快便集结了十万之众。而此时，官府却宣布：凡来大槐树下者，一律迁走！

就这样，官兵强行编排队伍，被迁民众难舍故园之情，纷纷聚集在大槐树下，痛哭失声，汾河滩上那些老鸹窝里的声声哀鸣，更使得这些被迫离乡之人潸然泪下。而曹县魏刘氏的祖先，就是这个时期离开故土山西平阳府洪洞县的。

魏刘氏后人：我们《魏刘氏族谱》老谱，在清朝咸丰年间由于战乱失传了，现在所看到的这本《魏刘氏族谱》，是民国二十四年修撰的。根据族谱记载，我们的祖先，都是从山西洪洞县大槐树迁徙过来的。

山东曹县《魏刘氏族谱》

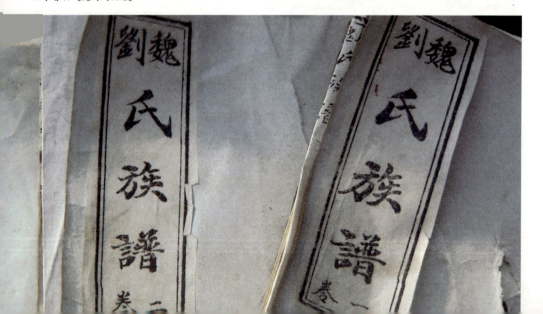

曹县在明朝时隶属兖州府管辖，也是当时移民最多的地区之一。据《曹州县志》记载，明洪武四年，降曹州为县。说明经过元末明初的战乱，曹州户籍减少，行政等级降低，急需补充人口。但令人惊讶的是，如今的曹县魏庄村人，几乎都自称是洪洞县大槐树的移民后裔。

根据《魏刘氏族谱》记载，朱元璋当时颁布的迁民诏书，"条款具备，律森严，凡同姓者不准居处一村"。那么，既然是政策移民，旨在恢复中原地区，为何明政府又会有如此禁令呢？

民间传说，大槐树移民之时，明政府规定"四口之家留一，六口之家留二，八口之家留三"。为防止移民逃跑，明政府将他们一一反绑，然后用一根长绳联结起来，押解着移民上路。

虽然"行不改名，坐不更姓"是中国文化崇尚的一种人格风骨，凡同姓者不准居处一村的律令，却迫使一些同宗兄弟为了生活在一起，不得不更姓改名，从而导致部分家族分成了多个姓氏。

曹县魏刘氏始祖兄弟二人不忍分离，无奈改为魏、刘两姓，以铜佛为记，以使后人相认。但是，兄弟二人在迁徙途中失散，迁居山东以后，再也没有联系上。数百年后，两家后人通过对照族谱才发现，自己的先祖原来是兄弟。

如今，在全国各地，也有"劈锅孙、砸锅李、瓦片张杨铜佛吕；铁佛吕、分锅牛、香炉赵马打锅牛"的凄凉故事流传。

当所有线索连接在一起时，隐藏在历史角落的答案，才

赵世瑜：这个传说在山东、苏州、苏北、珠江三角洲，远到广西等都有。还有说按照当时政府规定，同一宗族、家族的人不能迁徙到同一个地区，一定要分散，甚至说一家有几口，其中有若干人到这个地方，另一些人到另外地方，要分散开来。

赵世瑜：改姓的情况很复杂，也是经常出现的。这里面既有很多人迫于生计到了一个陌生的地方，希望得到立足，被迫改姓这样的情况出现；但是更多的是，本来他们不是一个姓，后世编撰族谱的过程中，为了某种需要，把原本不是一姓的人合成了一家人。当然还有国家的制度，比如明朝初年，一种合户为郡、合户为民的制度，把原来不是一个姓的两家人合成一个户籍，来征发徭役。长此以往，到了后代就分不清楚有没有真正的血缘关系，也就认为他们是一家人。

会渐渐呈现。曾经，临别之时，移民们折槐为记。留在他们记忆中的，是家乡的古槐和树上的老鸹窝，而这些最终也成为了移民者思念家乡、留恋故土的念想。随着岁月的流逝，大槐树深深"根植"在了一辈又一辈人的心底。

槐树因寓意"怀念"而备受游子的青睐。国槐侧柏是北京市的市树，同时也是陕西省西安市、辽宁省大连市、山东省泰安市的城市象征。在众多以槐树为市树的城市中，有一座远离中原、地处偏远的城市——武威。在武威市城东清水乡的张清堡，更有一棵参天古槐。

这棵树谁也不知道它有多少年了，据说是几个从山西大槐树来的人带过来的。他们一个叫张清，一个叫张掖，一个叫张胜。这棵是张清栽下的，所以地名就叫张清。

武威地处西北，元末明初的山西移民缘何迁徙此处呢？那

甘肃武威张清堡古槐寺石碑

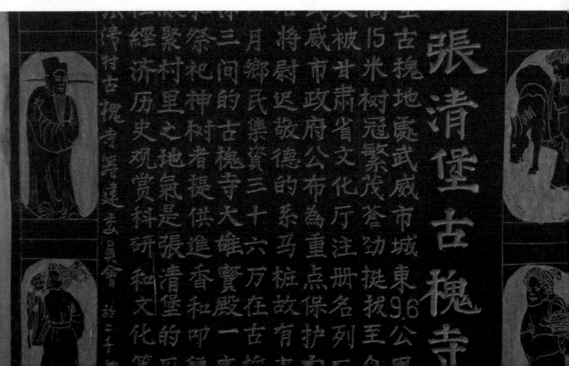

北京槐柏树街

个各路豪强群争天下的乱世背后，还隐藏有怎样的故事呢？

　　明朝建立后，继承了元朝的制度，在整个国家实行一套和行政州县并列的军事管理系统，这就是卫所制度。这些卫所守卫边疆的同时，也要进行农业生产，生产出来的粮食，是要支撑军事的日常开支的，在这种情况下，卫所里除了当兵的人，还有他们的家属。他们不仅仅戍守，还要开垦，这就在明朝初年，形成了带有军事性质的移民倾向。

　　据史料记载，元末明初的战乱，直到朱元璋出兵江淮，派军北伐，进取山东，收复河南，北定京都，元帝出亡漠北，元末长达十六年的兵乱才算结束。而此时，冀、鲁、豫、皖等地深受战争之害，几成无人之地。国家财政收入剧减，直接威胁新生的明王朝。

　　然而，此前历史上最重要的移民迁出地——中原，第一次面临亟待补充人口的窘迫。那么，这次移民的迁出地，为何出现在了山西地区呢？

山西地处华北西部的黄土高原东翼，境内地形复杂，东有太行山为屏障，西有吕梁山做遮挡，历来易守难攻，因此并未受到战争的影响。根据史料记载，与中原一带兵荒马乱、灾疫丛生相比，山西尤其是晋南一带却完全是另一番景象。明朝初年，山西风调雨顺、人丁兴旺。

当时的洪洞县，凭借古驿道，北通幽、燕，东连齐、鲁，南达秦、蜀，西抵河、陇，道路四通八达，给移民提供了良好的交通基础。

移民们迁到异地，用自己辛勤的双手开垦荒地，开始新的生活，但他们心中总会想起故乡的山山水水。为了寄托对故乡的思念，移民们在家中院子里，还有门口种上槐树，或者以原籍命名村名，表示对故乡的留恋和怀念之情。

悠悠六百多年过去了，传说中的汉代古槐已不复存在，但这样一个广为流传、脍炙人口、耳熟能详的动人传说，正是对明初洪武大移民事件的最好诠释。

从大槐树下走出的移民们，沿着黄河来到苍莽的中原，来到齐鲁大地。面对战后的贫瘠、凄凉，他们用双手开始改变这一切，华夏文明之树又一次在中原的厚土上生长壮大。

如今，在山西省洪洞县，由古大槐树同根孳生的第二代、第三代槐树，枝叶繁茂，充满活力。槐乡的后裔已遍布全国二十多个省，四百多个县，从洪洞带到各地的槐树苗木，也在新的土地上生根发芽，枝繁叶茂。

如今的中原大地，处处可见槐树庇荫，曾经的大槐树已经在各地茁壮生长，它伸出臂膀再次给了移民们一个温暖的

赵世瑜：晋南地区从金开始，就是北方的经济文化中心，人口也集中。

家，并用怀抱保护着后代子孙。无论走到哪里，华夏儿女都有一个根，这根就扎在故里，扎在心里。

然而，迁徙的故事并未就此完结。元末明清之时，此起彼伏的战乱遍燃巴蜀大地，中国西南部这片被高山阻隔的封闭盆地，终于也失去了它往日的宁静。

葛剑雄：明朝初年的移民中，山西洪洞大槐树是比较重要的，当然，我认为它更有文化含义。它的移民广泛分布在华北一带，现在的北京等地，还可以找到与大槐树有关的地名，这些都是大槐树移民的结果。这些人来到北京、河北以后，住下来，就成为后来华北平原的主体。

山西洪洞第二代古槐

山西洪洞祭祖活动

第九集　湖广入蜀

一个今天不存在的地名，
却是百万移民心中的故乡。
再现民间最早的邮局，
揭示移民大省的由来。

　　在中国西南部，一片被高山阻隔的封闭盆地，到了元、明、清时期终于失去了它应有的平静。来自湖南、湖北、福建、广东等十几个省的移民汇入巴蜀大地，历史上称为"湖广填四川"移民运动。

　　虽然，在明朝中后期，孝感乡作为行政区划已经撤销，但是经过族谱等代代相传，以后的许多移民后裔，都把孝感作为他们心中的故乡。今天，当专家学者开始追溯这段往事时，鄂东发现的一篇记录文献和重庆一座古老房屋，让流传已久的一段移民历史重新浮出台面。

　　顺着湖北麻城一条沧桑的古道，移民们纷纷进入四川。二十世纪，四川地区的一次考古发现，将这条移民入川的道路串联了起来。

　　2008年4月，湖北省麻城市举办了第一届"中国·麻城杜鹃文化旅游节"活动。一场看似普通的活动，因一封意外信件而引起轰动。

《都碑记》

　　旅游节开幕的前三天，麻城市政协主席凌礼潮收到了一位名叫刘明西的人托人送来的名为《都碑记》的文章复印件，作者是邹知新。这篇文章记载了南方几省移民四川的史实，这一移民运动在民间以各种艺术形式广为流传。

　　《都碑记》中记载："自赵宋胡元以来丁旺，常为乡之患害。明圣初，云传蜀地土广，川道虽险，乡之迁人皆居之。"

　　关于湖广填四川的移民运动，在历史文献中鲜有记载，那么，这篇文章中所涉及的湖北麻城，与湖广填四川大迁徙究竟有无关联？邹知新又是谁呢？

　　四川省和重庆市位于我国西南内陆，人口总数超过一亿两千万；然而，四川（包括重庆市）这个人口大省却是个移民省份。

　　2002年，重庆綦江退休人员老张根据张氏族谱的记载，

蓝勇：清代的湖广填四川是政府倡导的，移民是自发自愿的、松散的一种迁移，从当时的交通和运输条件看，是不可能都到麻城集中再中转迁移的。

湖北麻城古道

到湖北麻城寻根问祖。回家以后，他和族人认真修改了张氏族谱，认为綦江张氏家族，是洪武二年从麻城县迁到綦江的。

在今天的重庆、成都等地，关于自己的祖先从何而来，大都流传着从麻城迁来的说法。民国《南溪县志》记载："今蜀南来自湖广之家族，溯其始，多言麻城孝感乡。"但是经过专家考证，湖广填四川的许多移民，都是在清代迁入的，当时的移民范围，不可能只局限在湖北麻城。

实际上，湖广填四川的移民来自南方众多省份，那么，移民的后裔，为何单把麻城孝感乡当作他们的故里呢？更为蹊跷的是，查遍当今麻城市行政区划或乡镇名录，并没有孝感乡这一建置和地名。移民心中的这个故乡仅仅是一个传说，还是麻城孝感乡随着时间的流逝已经被历史所湮没？

蓝勇：宋代时，巴蜀地区的人口占了全国的23.2%，但是它的财政收入，却占了全国的三分之一。

四川在宋代时经济地位就非常重要，当时流传着"蜀亡则宋亡"之说。然而，经过明末清初的战乱，朝廷从四川地区所获得的税收遭到了重创。查阅史料，清朝时确实发生了政府倡导的入川移民运动。

1630年，即明崇祯三年，张献忠、李自成等各路大小农民军纷纷揭竿而起，四川正是各路兵马交战之地，农民起义军与官兵的战乱长达三十年。直到康熙年间，经历战争浩劫的天府之国，才终于平息下来，而此时的巴蜀大地，已经满目疮痍。

蓝勇：战乱以后，整个四川地区的人口，据测算只有八万。所以，当时土地大量荒废、鼠患纵横。

鉴于此，康熙三十三年，正式颁布了一份名为《康熙三十三年招民填川诏》的诏书，由招徕本籍逃散的人口，改

变为鼓励湖广等外省农民进川垦荒。在政府的倡导下，中国历史上又一次规模宏大的移民潮，就此拉开序幕。

此次移民运动长达一百余年，从湖南、湖北、广东、广西、福建、海南等地移民入川的人数达到一百多万。如此浩大的移民运动，麻城孝感乡却没有扮演主要角色。根据《中国移民史》及散落在四川的谱牒统计，当时整个四川人口，主要由湖广人和粤、闽、赣、桂客家人两大部分构成。而此时不可能存在从麻城孝感大批迁入四川的移民，因为清朝时，孝感乡已经不复存在。

从官方和民间的文献中得知，孝感乡作为一个行政区划在明朝中期已经撤销，那么，一个在清朝湖广填四川移民时不存在的地方，如何成为了众多入川移民的故乡呢？于是，二十世纪九十年代，在湖北麻城发现的名为《都碑记》的文

刘明西（麻城政协委员）：前几年，一个修订邹氏家谱的人找到我，我从他的老族谱资料中，找到了一篇记载我们麻城历史的、由邹知新撰写的《都碑记》，我觉得非常难得，于是就把它送给了我们市里面的凌主席。

孝感乡《都碑记》石碑

章，就成为揭开孝感乡移民史谜底的重要线索。

《都碑记》是麻城市业余民俗研究爱好者刘明西在麻城《邹氏宗谱》中发现的，而作者是邹氏十三世孙邹知新。

从事麻城地方史研究多年的凌礼潮，根据《都碑记》得知，明成化时的县令陈新，为了不让后人忘记孝感乡，特意立了一块碑，而邹知新就此写了《都碑记》以示纪念。

《都碑记》记载：麻城明初分四乡，曰太平、曰仙居、曰亭川、曰孝感，统一百三十里。而孝感乡的"乡都"，就在今麻城鼓楼街道办事处所在的沈家庄村。

虽然在今天的沈家庄村已经看不到那块石碑，但还能找到当年遗留下来的石磨。据村里老人讲，像这样的磨，原来有九台。

凌礼潮：根据《都碑记》里面的记载，出麻城东南七里，有石碑、石磨当路，现在石碑已经不存在了，但是石磨还在。

根据考察，孝感乡的确存在，但它存在于明朝中前期。根据康熙九年《麻城县志》记载，成化八年，因户口消耗，就把孝感乡并入了仙居乡。

种种迹象表明，在移民填川的过程中，的确有孝感移民到四川。但今天这个移民们心中的故乡，也的确从中国的行政区划中上消失了！

根据《都碑记》的记载和包括张氏族谱在内的大量民间族谱记载的移民入川时间推算，专家获得了新的结论：实际上，湖广填四川应该从明代就开始了。

据《明太祖实录》记载，自元末明初时期起，就开创了移楚民实蜀地的先河。据此，湖广移民蜀地的历史，被提前了几百年。

朱元璋统一长江流域之后，便强令人多地少的江西人搬迁到湖广安家落户。由于蜀地特殊的经济地位，到了明初，战乱加上自然灾害，致使四川地区人口骤减。朱元璋就此下令，包括湖广地区的各地百姓移民四川。

于是，在明朝初年的入川移民中，孝感乡开始登上了历史舞台。那么，是什么原因将这个长江边上的小镇，变成了移民们西迁的集散地呢？

这里面有个很重要的原因，就是明代的湖广填四川是军事性的移民。比如说元末农民起义将领徐寿辉，他的部下，特别是他的军师都是麻城人。这些人在移民运动中起了很大作用。

除了军事移民以外，孝感乡独特的地理位置，也使它在湖广入蜀的移民潮中扮演了重要角色。麻城位于鄂、豫、赣三省交界处，北连河南、南接江西，距离四川、重庆较近，又有长江通入四川盆地，在当时的条件下，应该是进入四川

麻城地理位置图

孝感乡移民始发地碑

较好的路线。

　　随着江西填湖广和湖广移民的入川，孝感乡逐渐成为湖广入蜀的重要集散地。移民们从中原的光州，来到湖北麻城孝感乡，再由孝感乡进入四川、重庆。二十世纪，四川地区的一次考古发现，将这条移民入川的道路串联了起来。

　　2005年，重庆三峡博物馆的考察人员，在重庆綦江县意外发现了一栋始建于清朝时期的老宅子。就是这个被现在村民用来烤制熏肉的地方，最终为那段移民大潮提供了真实的历史见证。

　　这间破败的房屋，创建于清朝同治年间，房屋上楣的"当衢向术"四个字显示，老房所在的位置曾经是一个交通便利的地方。

　　在这样交通便利的位置修建的房屋，既不是客栈，也

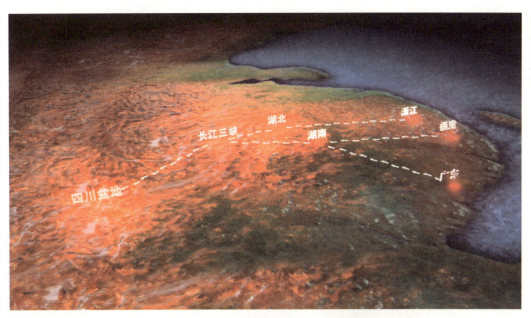

湖广入蜀迁移路线图

湖北麻城车站

湖北麻城一天门古庙

非镖行，位于门楣两旁的标识，道出了它真实的身份——民信局。在四通八达的地方设立民信局，应该是一个合理的解释，因为，在当时的条件下，移民们如果想要往自己的故乡传递信件、包裹，唯一的途径就是通过这样的民信场所。

据当地地方志记载，当年移民大量入川的时候，有一个组织，名为"麻乡约"，负责为移民寄送包裹、书信。专家认定，这座老房子，就是麻乡约当时在綦江的一个点。

最早的民间邮局麻乡约的发现，说明四川、重庆地区应该是湖广填四川时大批移民的居住地。那么在今天的重庆，还能否找到当年移民留下的痕迹呢？

在嘉陵江边有一座清朝时的建筑——湖广会馆，它是湖广填四川的移民后裔修建的。如今，这里依然有大批湖广籍

綦江麻乡约牌匾拓片

人士光顾，而会馆中最重要的文献，就是有关当年民间组织麻乡约的遗物。这些文献，将湖广入蜀的移民运动，真实地展现在世人面前。

1866年，綦江本地人陈洪义，看到迁入四川的移民后代每年都要推选人员回老家探望，代送土特产及信件，于是便创办了"大帮信轿行"，其主要业务，就是通过车马及抬轿寄送信物。传说由于寄送的信物大都集中在麻城，因而信轿行后被称为"麻乡约"。

这个民信组织一经成立，就成为广大移民的精神寄托。他们把对家乡的思念，通过家书和包裹传递给远方的亲人。

麻乡约业务，在清同治年间达到了鼎盛。1886年，陈洪义在重庆设立麻乡约总局，与长江沿线重要城镇四十八个"麻乡约"有业务交往。随后，又在成都、嘉定、泸州、贵阳、昆明、打箭炉（今康定）建立分局。负责跑信的伏头，

重庆湖广会馆

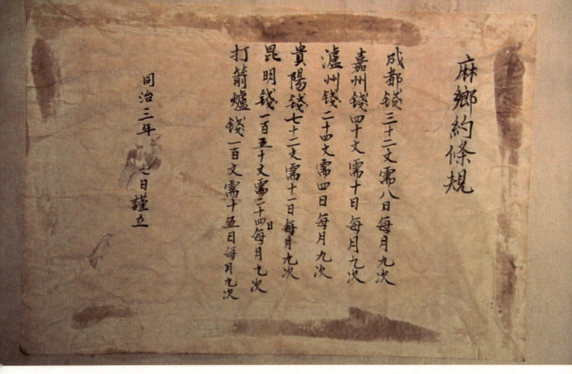

麻鄉約條規

成都錢三十二文需八日每月九次
嘉州錢四十文需十日每月九次
瀘州錢二十四文需四日每月九次
貴陽錢七十二文需十一日每月九次
昆明錢一百二十五文需二十四日每月七次
打箭爐錢一百文需十五日每月九次

同治三年 □ 日謹立

重庆湖广会馆的"麻乡约条规"

往返穿越"难于上青天"的蜀道，传递着移民们浓浓的思乡之情。

通过各地麻乡约的分支机构，两次移民四川的路线逐渐清晰。那是一条历经六百多年的迁徙之路：回望大别山，泣别举水河，溯长江，穿三峡，踏蜀道……十一二个省的移民，匆匆踏上背井离乡之路。在夕阳西垂的古道和潮湿幽暗的渡口，操着各地口音的移民，怀着对天府之国的憧憬踽踽而行。

从明朝到清初的几百年间，南方各省汇集到巴山蜀水的人们，以勤劳质朴的优良品质，在满目疮痍的土地上垦荒务农，世代创业，使得天府之国重现人间。

移民在恢复生产的同时，并未忘记故乡的文化，具有浓郁地方特色的各种文化符号，在这里相互交融，并创造了今

蓝勇：根据麻乡约传递组织的路线，初步勾勒出了湖广填四川的迁徙路线。这个迁徙路线有四条。最重要的一条就是沿着长江、三峡溯江而上。沿这条路线迁移的移民，主要是湖南、湖北、福建、浙江、广东的部分移民。

天的巴蜀文化。

在今天的西南地区，有许多湖广会馆。这些由乡情而创建的同乡会馆，承载了湖广入蜀的历史；同样，也给巴蜀大地增添了新的文化内涵。

重庆湖广会馆，是我国最大的清代古建筑群，原本不同地域的建筑风格，在这里交相辉映。会馆中别具特色的戏楼，还在演绎着移民时代留下的曲目。今天的重庆戏曲和四川川剧，就是在湖广填四川的过程中，在本地车灯戏基础上，吸收融汇苏、赣、皖、鄂、陕、甘各地声腔而形成的。

如今以麻辣著称的川菜，也带有移民时代的特征。为了表达对大海的思慕，从清朝开始，福建、广东一带的移民们将辣椒带到蜀地，并改名"海椒"，这成为湖广入蜀在地方饮食上遗留的真实印证。

衣冠南渡，避地东吴，一迁再迁到湖广入蜀，中原先民将中原文化带到各地，并与当地文化相互融合，并汇入了多姿多彩的华夏文明。

与湖广入蜀差不多同一时间，沿海地区同样也在招民垦荒。已经落地生根的中原迁民将何去何从？如果选择与海洋产生交汇，对于习惯陆地开拓的汉人会有什么样的结果？

第十集　渡海赴台

走到陆路尽头的人们，决心跨越凶险的海域，
然而，九死一回头，成功者极少。
从禁海迁界到迁海复界，
渡海赴台的历程险象环生。

很多人认为，从十七世纪开始，中国开始退出海洋强国的队伍。但是，在那个海禁迭出的时期，一些人却要征服最凶险的海域，并且，只是依靠一些简易的木船！

这些渡海者，以前以土地为生，面对变幻莫测的海洋，他们根本无法掌握节拍。然而，他们成功了……

很多年后，两岸恢复交通，一些往事又被重新提及。然而，当年时局多变，渡海者的经历错综复杂。直到一段段散落在民间的密码拼凑出了解开迷局的钥匙，那段与世界历史中任何一次迁徙同样震撼的渡海赴台史，又重新与世人见面。

1976年，台湾教育厅陕西籍的督学徐秉琰，在彰化县翻阅学校名册时，无意间发现一所名叫"陕西国小"的小学。台湾西部彰化平原，有一个叫陕西村的地方。第二年六月，徐秉琰前往探查，在村边的墓地发现，墓碑上刻有祖籍"陕西"者竟有数十余座，并且村民的面孔与陕、甘一带人体特征相吻合，由此，他认定陕西村的居民是陕西籍人。

事件披露后，引起各界的广泛关注。然而，他们与清初的渡海赴台，是否有直接关联，还需要寻找足够的证据。

有关文献记载，十七世纪中叶，台湾人口不过十万。而清朝收复台湾后，乾隆四十七年统计人口时，台湾人口已近百万。而依人口来源统计，其中绝大部分为闽、粤汉人。

清康熙二十二年后的两百多年间，台湾人口迅速增加，这些移民多为大陆人口迁入。然而，史料中并没有从陕西直接迁台的记录。那么，陕西村村民与渡海赴台到底有无关联呢？在大陆的尽头，跨海而去的人们留下了诸多谜团。

台湾陕西国民小学

陕西籍村民墓碑

台湾陕西村人扫墓

台湾陕西村

福建晋江永和镇古厝村

粘良图（福建晋江博物馆工作人员）：根据史料记载，禁海迁界时候的界碑，离海岸应该三十里。古厝村正好离海岸三十里，应该是界碑所在地。这里还应该有一条河，阻挡老百姓靠近海洋的。

2009年，福建省晋江永和镇古厝村的村民发现了一块石碑，上面写有"奉旨迁界"四个大字。由于这块石碑，很可能与清朝对台湾的禁海政策相关联，于是引起了晋江市博物馆专家的注意。

石碑显示，为了孤立占据台湾的郑成功的反清武装，1656年至1661年，清政府先后颁布了严厉的"禁海令"和"迁界令"。

清政府严令："寸板不许下海"、"片帆不许入口"，不但禁止渔船、商船出海捕鱼和贸易，也禁止外来船只进入港口停泊，企图将郑氏政权困死海上。

由于清政府"禁海迁界"政策限制了大陆沿海居民与台湾郑成功的往来，台湾陕西村的村民不可能是此时迁入台湾的。

在这座占地面积不超过两平方公里的陕西村，60%的村民姓林。而在今天台湾的姓氏中，有"陈林半天下"之说。

赵世瑜：在几千里长的海岸线上，让沿岸那些以海为生的居民，一律内迁三十里或五十里，然后修起一道高墙，把这样一个地区试图变成一个无人区，就不可能有人在人力上物力上再支援郑成功。

禁海界墙示意图

根据这一线索，学者们将目光投向了福建省漳浦县攀龙村林氏后裔。

林氏后裔林耀山说，秀俊公是他们攀龙第十二世祖，先祖是在西晋末年从河南西河迁徙到攀龙的，十二世祖林秀俊在康熙年间去台湾，开垦疆土，发展农业。

从福建林氏后人的介绍，可以得到这样的信息：福建林氏祖籍在河南，与台湾陕西村林氏并无直接关系。

查阅史料，专家们发现，渡海赴台发生在一个政局变化巨大的时期，围困、回迁、限迁……仅仅几百海里的海路迁徙，艰难险阻，错综复杂。

众多史料记载，1683年，即康熙二十二年，清朝统一台湾后，将郑氏降将、兵卒、难民等相继遣还福建。台湾人口几乎减少了一半。清政府因此制定了申请领照的迁台政策，以便发展台湾。而此时的闽、粤地区，虽然经历了西迁入蜀

林氏祖谱

等一系列的移民运动，但人多地少的困境仍然非常严重。台湾大片等待开垦的土地，牵动着他们的目光。在清政府的组织下，大批迁民进入了台湾。福建林氏林秀俊，应该是在这个时期迁入台湾的。

当渡海赴台的故事即将画上句号时，一些新线索的发现，阻止了这个含糊的决定。实际上，清政府的官方迁台，也并非是渡海赴台历史的全部。要想全面了解渡海赴台，还需要从郑成功时期说起。

一座位于陕西村的乌面将军庙，将陕西村村民与渡海赴台勾连了起来。据专家考察，这些寺庙内供奉的神灵，是当时外来人溯原身份的证据。定居此处后，迁民们把那些当时的军官将领，演绎成了纪念故乡的传奇！这位乌面将军，正是跟随郑成功在台湾建立抗清政权的一位将军。传说乌面将军姓马，祖籍为陕西。

今天的台湾姓氏号称陈、林半天下，而以陈、林为代表的众多姓氏，在许多地方都遗留有移民的痕迹。陕西村正是

乌面将军牌匾

乌面将军雕像

其中一个典型代表。

1661年，即顺治十八年，郑成功从荷兰人手中收复了台湾，在台湾实施军垦，以求开源生息。追随郑氏的军队及百姓，成了第一批有组织、具规模的台湾移民。这个陕西村应是当时军事移民的痕迹，他们正是清政府禁海迁界所围困的对象。

然而，军事移民与官方迁台仅是冰山一角，更多关于渡海赴台的故事还没有浮出海面。在繁杂的线索中，专家找到了一本名为《海上见闻录》的书籍，上面有这样的记载：上自辽东，下至广东，皆迁徙，筑短墙，立界碑，拨兵戍守，

禁海界示意图

出界者死，百姓失业流离死亡者以亿万计。而《台湾郑氏始末》记载：恰在清政府实行"禁海迁界"时，郑氏政权借机招沿海不愿内迁的居民，达十多万。

"禁海迁界"影响之大，令人震撼。很多不愿内迁的民间百姓，选择了台湾。在清朝与台湾郑氏政权斗争的这段时期，人们要去台湾，只能通过私渡。有足够的证据显示，私渡赴台，绝不仅仅只发生在禁海迁界时期。

文献记载，清朝收复台湾后，很快解除了"禁海迁界"限令，并且允许沿海居民回迁到大陆沿岸。但是，回迁的人们面对的，却不再是往昔繁荣的家园。

为了台湾政局的稳定，缓解土地亟待拓垦的窘迫，清政府几次更改入台政策。禁迁、官迁、限迁措施交替出现，严格控制大陆居民进入台湾。然而，复界后不愿意回迁的原大陆沿岸居民，以及闽、粤内陆希望通过移居而摆脱生活困境的人，决定冒险谋生。即便他们中的大多数并不能获得清政府的批准，但私渡为他们提供了前往台湾的可能。在相当长的时间里，渡海入台呈现出了"有禁无阻"的局面。

"官迁"和"私渡"，基本是清初人们迁台的方式。只是，部分迁徙者的后人，已把先祖迁台的故事演绎得完美无缺，这才使得历史的真相被掩盖起来。

在台湾的寺庙中，有一类称为"有应公庙"，是为纪念没名没姓、客死他乡的人们而修建的。当然，修建者多是入台迁民，他们是成功的迁徙者。

上个世纪九十年代，一本清朝民间航海手册在泉州被发

赵世瑜：康熙二十二年收复台湾之后，马上解除了海禁。解除海禁以后，虽然政策允许沿海居民可以回迁，但是实际上，由此造成的众多社会结构上的变动，已经无法改变。从此创造了东南沿海地区广东、福建这些地方历史上的新特点。

有应公雕像

蔡其呈：这是二十多年前我游览的时候，从一个老船夫手中买的。这本手册中记载的，多是古代闽南人出南洋、到台湾的航线。

现，它，告诉世人：私渡赴台，绝非易事。

在一位叫蔡其呈的先生收藏的《航海路针图》上，记载有很多到达台湾的航线，但是每条航线的具体情况，并没有详细说明。

专家发现，虽然《航海路针图》记载前往台湾的线路很多，但一个地方始终被重点提及，那就是台湾澎湖列岛。这里风光秀美，景色宜人，单从地貌看不出有什么特别之处。

澎湖距台湾非常近，是大陆来往台湾的必经之地。这个地区的水文条件比较复杂，洋流比较乱，加上有时候天气不好，往往造成船只在这个地方倾覆，所以人们把这个地方叫做黑水沟。即便今天，通行的船只也要十分小心。遥想当年，那些隐姓埋名、偷偷选择私渡的人们，是何等的悲壮。

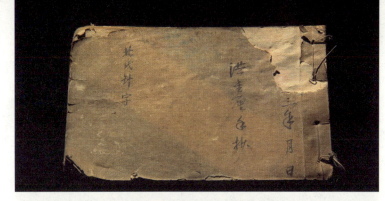

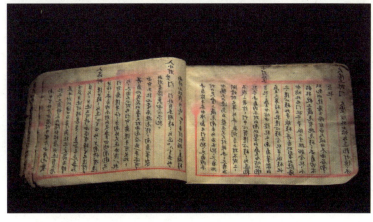

《航海路针图》

历经种种困难，私渡者们终于面向了大海。然而，对于习惯"面朝黄土背朝天"的迁徙者们来说，谁也没有十足的把握顺利渡过澎湖列岛。

这条水域究竟吞噬了多少人的生命，根本无法统计。但民间流传下来这样一条谚语："六死三留一回头"，说明至少有一半以上的移民葬身鱼腹，而真正成功的移民，不足三成。

就这样，在郑成功军事移民、清政府开垦移民的官迁背后，一批批失去同伴，但带着梦想的私渡者，也来到了台湾。福建林氏正是其中之一。

与历尽万苦的行程相比，这里的山山水水，在悄悄来访者的眼中，无论如何都是完美的。但等待这些外乡人的会是

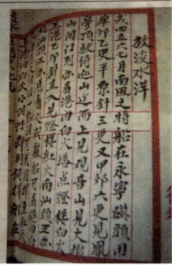

福建泉州發現清代道光年間"航海日志"

船工手寫航海綫路詳細記載福建石獅到臺灣的貨船行程

本報訊 福建泉州與臺灣一水相隔、血脉相連，那麼清朝時泉州石獅到臺灣的水路是怎麼航行的？近日，記者在泉州收藏愛好者蔡其呈那裏看到了他珍藏多年的清朝道光年間的"航海日志"，此書是蔡先生早年從石獅永寧一船工手中購得的。

◆"航海日志"記載航海綫路

該"航海日志"是一本綫裝的毛筆字手寫本，由於年代久遠已經呈黑色，但是在書的首頁和背面仍然可以清晰地看到這本書的記載日期：道光癸卯年6月置書，共有一百多頁。在泉州開元寺研究早期閩南語的黃玉山老先生的翻譯下，記者仔細閱讀了這本"航海日志"。

◆石獅到臺灣貨船如何走

據書中記載，從石獅永寧……

這本"航海日志"是清朝道光年間一名長期從事對臺貨船航行的船工用毛筆字一筆一劃記錄下來的，上面記載着從泉州港出發到各地的航海綫路、時間以及各條航海綫的注意事項，均是用早期閩南語記錄的，非常生僻，還有一些詞語是行船的專業術語。其中有兩頁詳細地記載着石獅永寧、祥芝到臺灣淡水的航海綫路。

……山，接着是大墩山。第二天早上7點，船工打開貨船的倉門，就可以看到臺……

手寫本的"航海日志"記載着石獅祥芝到臺灣鹿港航綫。這條航綫的航行時間爲20多個小時。貨船同樣凌晨5點出發，晚上11點到烏龜島，第二天早上8點順利到達鹿港。

◆清代永寧到臺灣的……是當時兩岸最近的航綫。

除此之外，這位船工在書中詳細記錄着從永寧、……港出行的貨船航行時的注……項，時時提醒貨船要避開……暗礁和淺灘。

早在唐代，泉州即爲……四大外貿港口之一。宋元時……全盛時期，成爲海上絲綢之……的起錨地，爲"東方第一……港"。清代實行海禁以來，……轉衰。但是此手寫版的"……圖"足以證明，清代以來，……

航海日志的发现报道

林耀山：我们林氏十二世祖林秀俊，是在康熙年间，因为攀龙村地薄人多，没有发展空间，就带着八个人去台湾，开垦疆土，发展农业。开辟水稻灌溉良田上百公顷，秀俊公传下来的子孙就有四十多口。

什么，没人知道。

对于移民开垦台湾的历史，官方史料少有记载。但是，在福建林氏的族谱中，那些珍贵的记忆清晰可见。

对于先祖移民创业的记载，林家后代如数家珍。然而，在成功背后，有着怎样鲜为人知的故事呢？

关于移民者的创业史，这些客死他乡的移民们的墓地，已不能给出完满的回答。但是，透过一些祭奠移民械斗创业牺牲的寺庙常年旺盛的香火，不难看出，移民在台湾的创业故事绝非一帆风顺。福建林秀俊在台湾后人的讲述，使得更多关于迁徙者的故事逐一呈现出来。很多土地都是当地土著人控制的，他们不允许迁民开发。恰好那时候突然发生了一场流行病，秀俊公正好会医病，救治了很多当地土著人，所以土著头领就把女儿许配给了他，并且他也获得了土地开垦权。

林秀俊墓

台湾林氏大宗祠

原来，渡海赴台的移民们除了要处理自身各族、各地域之间的矛盾，还要面对与当地原住民的纠纷。那么，私渡的迁民，是如何面对和解决这些问题的呢？除了美化戏说，需要寻找真实的证据解答。

今天的台湾，喧闹而繁华。在绝大多数地方，移民迁台的故事，已经难寻踪迹。在西部阡陌纵横的绿色耕地间，透过一些不易察觉的痕迹，仍可以找到一些移民者在台创业的

吴凤画像

周增喜：移民当初在开垦台湾的时候，与当地原住民是有争斗的。原住民经常会从对面的山头过来发动攻击，非常危险。为了保全性命，移民建了瞭望台，并派人在瞭望台上放哨。

葛剑雄：台湾能开发的地方很有限，中部都是山，只有西部这些平原，而平原面积都很有限，所以人一多，就难免产生生存上的竞争。

吴金辉：我的祖先吴凤，大概是在三百一十年前，五岁时由他爸爸从福建省带过来的。从吴凤到现在，我们的祖先都供在吴凤庙里。

蛛丝马迹。

由于移民大量迁入，产生对有限土地的争夺，在历史中并不少见。但是，迁台移民的创业艰难，以及血腥的程度不堪回首。在台湾嘉义县中埔乡有座吴凤庙，供奉着的这个被称为阿里山神的故事，让人唏嘘！

吴凤后人介绍，任职通事的吴凤与当地土著接触较多，相处还算融洽。但是原住民一些特有的风俗习惯，却让吴凤忧心忡忡。原来，只要农作物收成不好时，原住民就要杀人，用人头祭奠，以求丰收。而被杀的人，大多都是外来迁民。这个恶习屡劝不改，吴凤就告诉原住民，说哪天有个穿红袍戴红帽的人可以杀。

令所有人没有想到，这个穿红袍允许被砍头的人，就是吴凤自己。而当原住民发现被杀的人是吴凤之后，懊悔不已。吴凤舍身取义的行为感动了他们，砍头祭祀风俗从此被废除。他用牺牲，结束了血腥。当然，吴凤的故事只是迁台创业的一个侧面，深受中原儒家文化熏陶的赴台迁民所演绎的故事，绝不仅仅只是这些。

当从最初的碰撞发展到携手创业之后，在众多垦户的开拓下，从台南到台北，大片平原丘陵地带的荒地变为以稻米、蔗糖和茶等经济作物为主的耕地，台湾经济迅速发展。

雷明：我们儒家文化的核心不是摧毁，我们很少看到中原人迁徙到一个地方后，对当地文化摧残。儒家文化的核心是和，允许求同存异。

吴凤庙

经过几代人的努力，移民们在台湾渐渐扩大了家业。然而，这并不意味着创业史的结束。

如今，三千多座妈祖庙遍布台湾各地，而它们大多是大陆移民迁徙到台湾定居以后修建的。对于移居者来说，神灵的庇护只是一方面，他们更需要的是把自身的文化植根在这里。

1763年，在今天的台北县新庄市，客家人胡焯猷自己出资设立义塾，取名为"明志"。他还捐出自己的田地八十多甲，斥重资聘请名师前来施教，让古老的中原文化在台湾开花结果。

从迁海复界到渡海赴台，移民们在开发台湾的同时，也完成了自身的历练——从陆路迁徙到海洋——迁徙的转变。当跨海迁徙的闸门打开之后，中国人把华夏文明的种子，带向了更为遥远的地方。当然，在渡海赴台壮举进行的前后，内陆迁徙的漫漫旅途，也从未停止过。

赵世瑜：在海峡两岸，甚至北方的秦皇岛，我们也看到有天后宫，这些都是沿海的，尤其是福建的商人留下来的遗迹，他们做生意走到一个地方，就希望他们的神来保佑他们。

台湾妈祖庙

第十一集　闯东走西

一条戒备森严的封禁界限，
见证了移民勇闯关东的豪迈。
一座享誉中华的西口关隘，
目睹了移民远走西口的辛酸。

万里长城这条矫健的巨龙，起伏在崇山峻岭之巅，横卧在中国这个古老国度的胸怀中。

这座规模浩大的人类建筑奇迹，历史上阻止了北方少数民族的入侵，也阻碍了汉民族向北迁徙的步伐。

然而，十八世纪，几乎是在同一时期，中国的华北、华东乃至东北地区，出现了大规模的人口流动。

在万里长城的东西两端，成千上万的人不畏艰辛，翻越举世闻名的军事要塞，到达广袤的东北、西北之地。这就是闻名遐迩的"闯关东"、"走西口"移民运动。

龙这种中华民族原始的图腾崇拜文化，从古代一直延续到今天，深入到社会的各个角落。

在中国的古老文化里，龙是帝王的象征，"龙脉"决定着帝国兴衰、民族兴旺。历朝历代，帝王将相都会寻找一个护佑王室的山水之脉。

清朝时期，为了保护皇室政权的发祥地，清政府颁布"禁关令"，并历时三十四年修建了一条长达数千里的柳条边墙，禁止关内汉人进入这片"龙兴之地"。

由于这条被誉为"关东绿色长城"的封禁线与长城相连，使得整个长城以北成为了禁地。然而，不管是走西口还是闯关东，民间百姓却出乎统治者意料之外地一次次违反禁令翻越东西两端的关口。

究竟是什么促使他们做出了这样的选择？他们又是如何穿过这道屏障的呢？让我们穿越历史隧道，重温这一段传奇的岁月。

辽宁沈阳新民市柳条边遗址

"闯关东"与"走西口",是中国近代史上最著名的三次人口迁徙中的其中两次。这两次规模宏大的人口迁徙,对塞外的蒙古草原和关外的东北大地带来了巨大的影响。

如今,曾经兴盛一时的山西票号,在塞外处处可见。在呼和浩特市中心,还有一座山西大院。这些被鳞次栉比的大楼包围的房屋,依然保留了浓烈的山西民居特色。

这些历史遗迹,让我们依稀可见当年山西移民在此创造的繁荣。

呼和浩特市山西票号遗址

呼和浩特市山西大院

张洲（山西移民后代）：我们呼市这支姓张的，都是来自于山西忻州。我们的祖先在来呼和浩特的路上，详细地记载了从什么地方出发，走了多少天，一天走了多少里，详细记载了他走西口的过程。

今天，在内蒙古境内，仍然有大量的走西口移民后裔，今年五十二岁的张洲，就是其中之一。

根据《张氏族谱》记载，康熙三十六年春，张洲的祖先，一个叫张昌美的山西人从口内初出口外。族谱详细记载了张昌美从山西迁徙至内蒙古的行程路线，但对于离开家乡的原因却只字未提。

对最初走西口的迁徙者来说，遥远的蒙古草原不过是一个模糊的希望。但他们为什么要离开家乡，远赴塞外？

《张氏族谱》

　　黄土高原自古人丁兴旺、繁荣富庶，难道这一时期，华北大地发生了重大变故？

　　根据史料记载，十八世纪中期，中国进入一个自然灾害多发期，特别是水灾和旱灾，给当时的社会带来毁灭性的影响。灾害沿着黄河流域，从华北一直蔓延到华东地区。

　　而人口的急剧增长，也是导致此时人口大量迁移的重要原因。据移民史研究专家葛剑雄先生介绍，从康熙年间开始，人口激增，到乾隆年间增加到三亿多，后来到了四亿多，内地人口压力特别大，特别是华北的山东、河北这一带，人口很多。

　　资料显示，乾隆十八年，山东省人均占有土地七点七六亩，但仅仅过了十三年，山东省人均占有土地就下降到了三点八六亩。人口的快速增长，给土地带来了沉重的负担。因此，一遇灾荒，顺民就变成难民，难民又变成了流民。

　　恶劣的自然环境下，无法生活的居民不得不奔赴他乡谋生。但是，苍茫大地，移民们为何偏偏要选择清政府严厉管

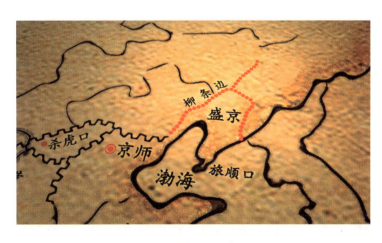

长城两端发生的中国近代两次移民——闯关东和走西口的地理位置示意图

制的这条线路呢？这是由于当时的南方，也是人口稠密的地区，很难找到更好的生存空间。而东北和西北蒙古草原，则有着广袤的、未经开垦的土地，自然成为人们的首选之地。

从地图上看，要进入到东北禁地，从山东半岛跨越渤海湾，抵达辽东半岛是最便捷的路线，同时又可绕过清政府的封禁线。然而，选择这条道路，移民们必须要面对另一个凶险——大海。

如果从海路闯至辽东半岛，位于今天辽东半岛最南端的大连市旅顺口区，必然是闯关东移民最早抵达的陆地。

旅顺口区自古是座港口城市，东临黄海，西濒渤海，与山东半岛隔海相望。独特的地理位置，使它成为京、津海上门户和东北的天然屏障，而旅顺港口则是沟通辽东半岛和山东半岛的"黄金水道"。当年，选择海路勇闯关东的移民，就是从这里奔赴关外的。

在今天的旅顺口区，有一个叫周家崴子的村庄，村子绝大多数人姓周，他们的祖先都是从山东迁徙至此的。

辽宁大连旅顺港口

辽宁大连周家崴子村

在村民周纯官家里，精心收藏着一张当年最早迁到周家崴子村的周氏先祖的"分家书"，上面详细地写着分家的原因、怎么分的家等等，时间是嘉庆十四年（1809），这是最早的分家书。

短短数百字的"分家书"，让周氏后人对祖先充满了崇敬与好奇，周纯官寻根的念头一天比一天强烈，和大部分移

葛剑雄：原则上讲，要移民到东北去是非法的，是要闯出去的。另外，到了东北以后，风险也很大，你如果碰巧挖到野山参，粮食丰收，可以活下去。但是如果遇到冷空气南下，或者移民互斗，遇到胡匪啊，这些情况下，有些移民都不知道哪里去了，风险很大，所以都把这个行动叫"闯关东"。

辽宁大连闯关东移民后裔周纯官家保存的祖上分家书

175

民后裔一样，他渴望寻找到打开祖辈闯关东传奇的钥匙。

上个世纪八十年代，周纯官开始了寻根之旅。终于，在蓬莱市的门楼村，他找到了祖先故里。由此，一段兄弟二人远离家乡、勇闯关东的传奇故事被揭开。

山东蓬莱门楼村界碑

根据山东门楼村《周氏族谱》记载，康熙五十四年，周德纯、周德新兄弟离开家乡，来到蓬莱海边。他们找到一艘小渔船，打算渡海北上。然而，船老大一听说要去海对岸，一口拒绝了兄弟俩。

在当时的条件下，即便是习惯于海洋生活的渔民，大浪滔天的渤海，对于他们也是个可怕的梦魇。而在今天的辽东地区，甚至都流传着一个称谓——"海南丢"（按照当地渔民的说法，就是从山东、河南过来打工的人，不回去了，而在当地落户，就叫做海南丢）。

"渤海风掀恶浪摧，三更雨打断船桅。乡人尽做波中鬼，不敢回头任泪垂"。这首流传民间的竹枝词，反映的正是渡渤海的凶险与艰辛。

周德纯兄弟苦苦乞求，终于说服船老大，登上一叶小舟偷偷出海。然而，汹涌的海浪，凶猛的海风，是大自然给他们闯关东之旅设下的第一道难关。他们并不知道，海洋的那头究竟是天堂还是炼狱。

和闯关东移民一样，走西口的道路同样也伴随着未知、死亡和恐惧。当关内的移民在大海上漂泊的时候，中国的西北大地上，也正进行着人与自然的抗争。

从山西到内蒙古，沿途飞沙走石、沙暴肆虐，恶劣的自然环境，成了横亘在走西口移民面前的一道生死线。但在此之前，他们必须要面对一道关隘——西口。

长城上有很多口，比如著名的杀虎口等，当时以山西为主的移民，迁徙到内蒙古去，主要是通过长城边上的杀虎口，还有其他几个关口。因为相对长城来讲，这个称之为西口，所以说他们叫走西口。脍炙人口的"走西口"所指的杀虎口，就位于晋、蒙交界处的朔州市右玉县。

杀虎口，自古是从内蒙古草原南下山西的必经之路。如今的杀虎口已今非昔比，重新修葺后的关城雄关挺立，而正是因为特殊的地理位置，决定了其重要的军事作用。

在今天新杀虎口的东侧，有一座废弃的土堡，这就是明初修筑的杀虎口关城，又称杀虎堡。当时为防御塞外胡人入侵，所以取名杀胡口。

赵世瑜：所谓的"口"，就是长城沿线的比较小的关隘，它和关有等级上的区别。

杀虎口遗址

康熙年间，康熙出兵西征葛尔丹后，杀胡口才逐渐平静下来，所以改名杀虎口。由于当时清军深入漠北时，发现漠北"其地不毛，间或无水，运粮非常艰苦"，于是清政府允许商人随军贸易。由此，拉开了走西口移民运动的序幕。

而此时，长城的另一端，清政府的封禁政策也悄然发生了变化。

1860年以后，俄国人通过《北京条约》占领黑龙江以北，以后又占了乌苏里江以东，这时候清朝政府醒悟到，如果再不移民的话，恐怕整个东北都要被俄国人占据了，所以改变政策，最终开放了封禁地，并且鼓励华北的人口往东北迁徙。在政府的鼓励下，大批的移民从水、陆两路进入了东北。

杀虎口牌匾

　　闯关东绝对称得上是一次波澜壮阔、声势浩大的移民运动。无法忍受中原地区水、旱、虫、兵各种天灾人祸的农户，不得不以"闯"的精神，或从水路渡海，或从陆路出关，抵达关东。

　　但无论哪条道路，都充满了危险与死亡。周德纯兄弟乘坐的小舢板船，在海上整整漂泊了九天九夜之后，终于抵达旅顺口岸边。

　　然而，并不是每一个走海路的移民，都如周家兄弟一样幸运。据资料显示，有很多乘船闯关东的移民，由于海风变化无常，漂流到了朝鲜、日本等地；至于翻船于海上者，更是难以计数。

　　历尽千难万险，穿越海洋的移民们，终于闯到东北禁地。回首来时的路程，他们将千言万语倾诉给了心中的保护神。

　　在周家崴子村，以前建有一座山东庙，由两座殿组成，

山西朔州明长城

山西朔州明长城

山西朔州杀虎堡内的关口

山西朔州杀虎堡所处环境

山西朔州杀虎堡西口古道

这里曾是周家崴子村山东庙所在地

前殿供奉观世音和八仙，后殿供奉天后娘娘，又叫妈祖。这里就是过去闯关东时，初来的老百姓落脚的地方。

如今，山东庙已被高楼大厦取代，而山东庙却作为地名被保存了下来。

岁月没有带走历史沧桑的痕迹，同样，当年抵御胡人的杀虎口依然存在，如今虽然已隐没在巍峨的城墙之下，但山峦上起伏的长城和散落的烽火台，依然醒目矗立。

但是，面对复杂多变的地形，走西口的移民们又是如何迈过漫漫黄土，走至西口的呢？

沿着杀虎堡向西，还有一条有百年历史的西口古道，是曾经的兵道、粮道和商道。几百年来，山西等地的流民往返于这条道路上，用双脚走出了一条崭新的道路，也走出了晋商的传奇与辉煌，并使杀虎口逐渐成为北方最大的商业贸易集散地之一。

根据《张氏族谱》的记载，张洲的祖先张昌美离开家乡后，第一天，行四十里，经忻州到涧河铺；第二天，又行四十里，来到原平；第三天，再行四十里，至崞县；第四天，行四十里，到达代县阳明堡；从第五天起，他每天行走的路程从三十里减至二十里、十里。而从右玉至杀虎口的二十里路，他足足走了一天。

从字里行间可以看出，走西口的移民大都是徒步迁徙至各地的。一把辛酸泪，一曲《走西口》，承载了晋、陕移民离别的悲苦与走西口谋生的艰辛。如果说杀虎口是地理上关口的话，那么翻过这里，走西口的迁徙者，还要面对无数个心理上

赵世瑜：一开始，杀虎口是因为军事上很重要的原因，造成了人口的集聚，但是慢慢地还是因为生存空间的问题，人们为追求更好的生活，改善自己生存的环境，使得杀虎口以及它所代表的一些长城沿线的关口，成为重要的移民通道。

山西朔州黄土高坡

的关口。

　　面对茫茫的草原和西北一望无际的戈壁荒漠，究竟该往哪儿走？哪里才是他们真正想要到达的家园？他们并不清楚。

　　根据民间传说，走西口的移民到达西口之后，由于不知道去向哪里，就由一人脱下布鞋，扔向天空，而鞋子掉地指向哪里，他们就去哪里。

　　这样的做法，是听天由命，也是赌博，是和命运与上天的一种赌博。穿过岁月的烟云，我们依稀可以看见当年迁徙者们那无助的眼神，听到他们沉重的叹息。

　　在走西口的人中，能够回到家乡光宗耀祖的人毕竟是少数。多少人自从踏上走西口这条路，就音信全无。迁徙者们用脚步丈量出一条以山西、河北为枢纽，北越长城，贯穿蒙古戈壁大沙漠，进而深入俄罗斯境内，又到达欧洲腹地的国

李薇（服装史专家）：布鞋是中华民族的一种传统手工艺，在中国有着悠久的历史。我们常说"千里之行，始于足下"，这个足下，我认为就是千层底的布鞋。那么晋人在走西口的时候，就是穿着这种布鞋走出他们新的生活，同时也走出一个民族融合大格局的。

际商路。

闯关东与走西口两次移民潮所带来的影响持续至今。闯入关东之后，那些移居东北的"关里人"凭借吃苦耐劳的精神和娴熟的垦殖技术，披荆斩棘，烧山开荒，使苍凉的关东大地，很快变成一个大粮仓。

而走西口的结果是大量的华北，特别是山西移民在内蒙古草原上安顿下来，使这一带得到了充分的农业开发，也促进了农牧的融合。同时也使得沙皇俄国一味要分裂中国，把内蒙古从中国分裂出去的阴谋未能得逞，这是移民做出的一个非常重大的贡献。

闯关东的历程，不仅仅造就了一个新的地域群体——"东北人"，还深刻地影响了东北人性格的形成。

求生的欲望，就是这样紧紧吸引着成千上万中原百姓前仆后继的脚步。他们明知前途凶险，仍然忍悲含泪，一路迁徙。

汹涌澎湃的大海，目睹了中原流民跌宕起伏的迁徙历程。黄沙漫天、朔风呼啸的关口，同样也见证了走西口那段心酸的岁月。

时光荏苒，如今，早已看不见燕、鲁汉子闯关东的足迹，更听不见那悠扬散漫的驼铃，但是走西口和闯关东，为我们留下了足以传世的文化印记。

在中原人闯东走西的同时，沿海地带同样爆发了大规模的移民潮。不同的是，迁徙的人们将南下的脚步迈向了南洋，他们要去大洋彼岸实现新的梦想。

葛剑雄：东北原来没有建省，都是叫三个将军衙门，到了光绪末年，东北三省建立。以后东北还是不断地有移民涌入，到日本发动九一八事变，虽然通过武力占领了东北，但是我们已经有三千万人口在那里，这些大都是闯关东移民以及他们的后代，所以，最终守卫住了中国这块宝贵的地方。

第十二集　远涉南洋

一个偷渡者，在异国他乡创建起世界第一个共和国；

一个猪仔，在海外披荆斩棘，开埠建业。

……

跟随远行者的脚步，追述"下南洋"背后的故事。

据记载，两个世纪之前，虎门曾是世界上最忙碌的港口之一。众多迁徙者从虎门等沿海港口漂洋过海，冒着生命危险涌入东南亚各国谋生，后人称之为"下南洋"。

二百多年后，在南洋这片异域土地上，崛起一座座现代化大都市。移民们远涉重洋的背影不复存在，大迁徙的历史被岁月洗刷殆尽。

现在，我们期待能追踪远行者的脚步，揭开掩藏在下南洋背后的故事。

上个世纪末，印度尼西亚的西加里曼丹省坤甸地区，发现了一块牌匾，牌匾上刻有"天子万年"四个汉字。

"天子"一般是对皇帝的称谓，为何在南洋的岛屿上，出现了这样的牌匾？这引起了当地众多华人的关注。

随后，人们又在发现牌匾的附近，发现了一座石砌的桅杆底座。当地研究华人历史的专家认为，这与当地的一个华

印度尼西亚西加里曼丹省"天子万年"牌匾

印度尼西亚西加里曼丹省

人共和国有关。

　　兰芳公司又称兰芳共和国，是十八世纪末华人在加里曼丹岛建立的一个机构，曾一度称雄婆罗洲岛。有学者认为，这是世界上第一个共和体制的国家，比美国建国还早几年。

　　根据史料记载，兰芳共和国的建立者，是一个叫罗芳伯的梅州人。罗芳伯的祖籍，在今广东省东北部梅州市的石扇坊。

石砌桅杆底座

印度尼西亚兰芳公馆

在广东梅州市石扇坊，罗芳伯的故居依然还在，那是罗芳伯的父亲建造的。罗芳伯和他的两个弟弟，都是在这里长大的……不过现在已经荒废了。

石扇坊所在的梅州市，是全国著名的侨乡。据不完全统计，梅州市籍的华侨、华人约有三百多万，分布于世界六十多个国家和地区，其中东南亚居多。

时至今日，梅州市仍留存着大量华侨人文史迹。在梅州市的南口镇，就有一个著名的侨乡村。

侨乡村被誉为中国最典型的围屋古村落，这里几乎家家

广东梅州石扇坊

189

罗芳伯故居

与海外华侨华人有联系。在村里为数众多的客家围屋中，一些造型独特、风格西化的客家围屋特别引人瞩目。

这些百年老屋的外表，有着典型的西洋风格特点；然而屋内的装饰，却极富汉民族特色。这种中西合璧的建筑，在当地被称为华侨屋。

华侨屋已成为福建、广东一带亮丽的风景，它们是华侨走向南洋、艰难谋生的见证。这些独特的建筑，虽已融合了西方元素，但仍旧是当地人的祖屋祠堂。

广东梅州侨乡村

华侨屋

华侨屋建筑局部

华侨屋建筑局部

华侨屋建筑局部

华侨屋建筑局部

华侨屋建筑局部

　　但是，今天的罗芳伯故居，为什么如此萧瑟残破？难道一个曾在海外创立"共和国"的首领，从不曾回乡为祖屋增砖添瓦？如同神秘的兰芳共和国一样，罗芳伯的故事蚀刻着一层光阴的沧桑。

　　在罗芳伯的故乡，关于他的故事，民间流传着一些传奇的说法。

　　据罗芳伯的后人罗炽介绍，传说芳伯公到了印尼岸边，没有船上去，这时候一条鳄鱼来了，芳伯公就坐上鳄鱼到了坤甸。

　　罗氏后人的说法不免离奇，但这又给华人下南洋的史实，平添了几分神秘。罗芳伯为何离开家园？对于不善于迁徙的汉民族而言，为何在十八世纪，却又将自己迁徙的步伐迈向了南洋？

根据当地县志等历史记载，十八世纪的沿海一带，人多地少，加上疾病肆虐，以及恶劣的自然环境，人们根本无法生存。资料统计，当时因为经济原因出洋的移民，占了绝大多数。

根据民间传说，许多下南洋的移民，是为去那里开采金山。因为听说那里一只鞋里倒出的土沫，就能淘洗出半两黄金。

罗芳伯的后人回忆，听祖上讲，罗芳伯在婆罗洲发财后，曾回过石扇坊老家探亲，当时还带回一些金首饰，分送给了村里的父老乡亲。

罗芳伯故居

罗芳伯出海口

葛剑雄：中国东南沿海地区对海外的移民，有很长的历史，在明朝的时候，就已经有不少自发的移民，他们除了东南亚，还到日本、朝鲜这些地方。

几个世纪后的今天，罗芳伯回乡的往事已无从考证，而华人曾经在外创业的经过更是踪迹难寻。那些奔向大海的移民们，究竟是如何在异国他乡闯出了一片新天地的？

二十世纪初，随着一本《海录》的出现，华人下南洋的迁徙史再次浮出水面。

有专家认为，《海录》是我国近代较早介绍世界各国情况的游记，也是较早由华人记载下南洋的书籍，因此《海录》成为众多专家学者关注的对象。

根据记载，罗芳伯迁徙到加里曼丹岛后，白手起家，开

《嘉应州志》

华侨出国原因分析表

始拓垦荒地、开采矿石。因其才能出众，深受当地人和华侨的拥戴。1777年，在当地众多华人的要求下，罗芳伯建立了"兰芳公司"，即兰芳共和国。罗芳伯因此被推举为"大唐总长"，并被当地人尊称为坤甸王。

今天，在印度尼西亚西加里曼丹省的坤甸地区，一个叫做东万律（Mandor）的地方，有一座墓地，墓葬的主人便是威震婆罗洲岛的大唐总长——罗芳伯。

这里还有罗芳伯庙、三神庙等华人建立的文物遗迹。罗芳伯和移民们所建立的业绩，一直为后人所敬仰。

而在广东惠州惠阳区秋长镇铁门扇村，有一座气派漂亮

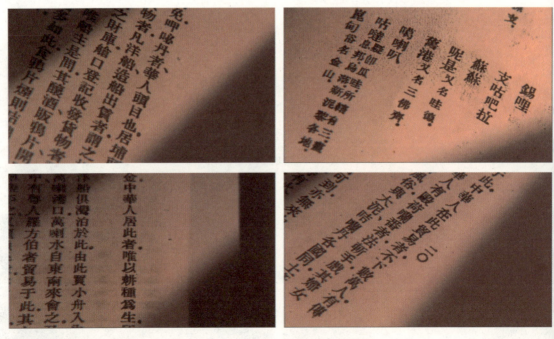

《海录》中有关下南洋的记载

的宅子叫南阳世居，他的主人姓叶。1854年，十七岁的叶亚来因为家里贫穷，被当作猪仔从这里贩卖到了马来亚。

贩猪仔，是当时华人被贩卖到海外做苦力的贸易行为。在今天东南沿海一带的许多博物馆内，都收藏有这种见证华工血泪史的"猪仔钱"。

猪仔钱是种植园主、矿场主支付给契约华工的代用货币，只能在种植园或矿场内流通。

这些形状各异的猪仔钱，深深烙上了华工艰难谋生的辛酸历史。那些被当作猪仔贩卖出去的移民们，来到异国他乡

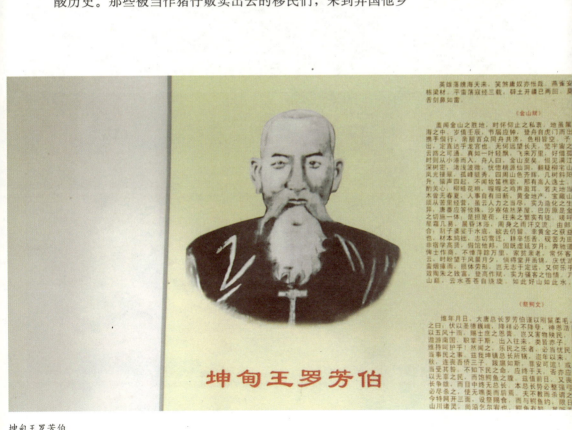

坤甸王罗芳伯

印度尼西亚罗芳伯墓

华侨屋祠堂

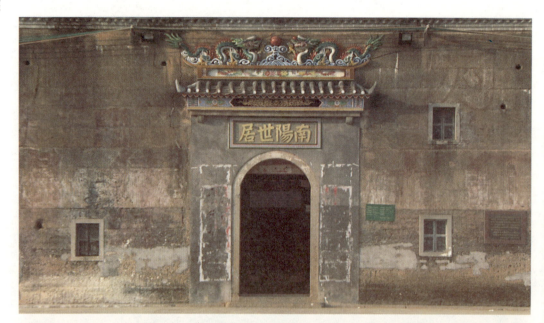

广东惠州"南阳世居"旧宅

后，又被卖为人奴，进行开矿、种植，终身无回国之望。

叶亚来被贩卖到的马来亚，就是当时华工贸易的集散地之一。在今天马来西亚首都吉隆坡最繁华的地方，有一条以

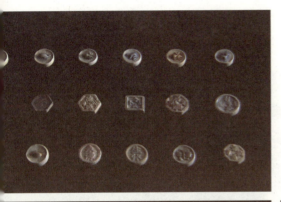

猪仔钱

叶亚来命名的街道。

　　而在吉隆坡市区，还有一座叶氏宗祠，祠堂里香火不断。当地人至今还尊称叶亚来为"吉隆坡王"。

　　叶亚来是如何得到当地华人的尊敬的，我们尚不得而知。但显然同罗芳伯一样，他们同是出国谋生，并在异国取

广东华侨博物馆

得了瞩目成就的人。

如今的吉隆坡境内，也还保留有叶亚来铜像和叶亚来墓地等与他相关的纪念标记。这些信息告诉我们，罗芳伯和叶亚来这两位远涉南洋的华人，之所以受人敬仰，与他们卓越的奋斗史有关。

曾经，那些迫于经济压力而远走他乡、迁徙南洋的移民，是如何在异国取得一席之地，并最终得到如此殊荣的？

马来西亚叶亚来街道

马来西亚叶氏宗祠

吉隆坡叶亚来像

吉隆坡叶亚来墓

广东华侨博物馆

而当时的东南亚一带，果真如传说一样遍地黄金吗？

事实上，关于"金山"的传说，并不是无中生有。资料调查显示，金山的故事，在十七世纪末的闽、粤、赣一带广为流传。

考古发现表明，东南亚一带的产金历史相当悠久，至少在十五世纪，这里就已经有了采金的迹象。《海录》中提到的罗芳伯创业之地——婆罗洲岛，就是当时被称为"金山"的淘金胜地之一。而叶亚来所抵达的吉隆坡，则被当时人们誉为"锡国"。

马来西亚皇家雪兰莪锡厂的杨保康就说，他的爷爷来自中国北方，带着全家迁徙到广东，1885年，他又来到马来亚，因为听说这里有锡矿。

马来西亚曾经是世界上最大的锡矿石产地，几乎全球一半的锡矿产自这里，吉隆坡正是在这种采矿业发展的基础上

采金工具

马来西亚皇家雪兰莪锡厂

繁荣兴盛起来的。

丰富的锡矿资源，吸引了大批华工移民。1854年，叶亚来跟随同乡，离开贫困的家乡，抵达了吉隆坡。但是，他很快发现，被称作黄金遍地的吉隆坡，实际上是一片灌木丛生的沼泽地。

由于叶亚来在矿场的出色表现，他很快赢得了主管的信任。1861年，二十四岁的叶亚来，成为芙蓉地区的甲必丹，即地方最高领袖。

1866年，马来西亚统治阶级内部发生内战，吉隆坡陷入战火。时任甲必丹的叶亚来，组织指挥华人武装，保卫吉隆坡。

为了表彰叶亚来的功绩，当地政府任命叶亚来为吉隆坡

叶氏宗祠牌位

华人甲必丹。为此，叶亚来又领导了吉隆坡的重建与开发，前后历时二十三年。

但是，有谁能够想到，这位后来的吉隆坡开埠功臣，当年被贩卖至此时，却几乎丧命于海上。

通过《海录》中的线索，专家们查找到一位英国船长的记录。据记载，那些被当作猪仔贩卖出洋的苦力们，被关在肮脏不堪的木棚里，门外有"闲人免进"的英文牌子。十到十二人一间，每人仅有卧身之地，几乎都是一丝不挂。

这种非人的生活和残酷的折磨，使得大多数的华工在迁徙途中丢掉了性命。

然而，恶劣的生存环境，并没有阻止移民们下南洋的脚步。文献记载，从1840年到1930年的九十年中，由闽、粤两省输出的流民，每年平均十万以上。

如此非人、血腥的迁徙之路，内陆的移民们为什么还要

广东华侨博物馆华工乘船死亡统计

选择且持续了近百年？在生与死的较量中，迁民们做出了怎样的抉择，不得不登上一次次南下的船只？

2005年，厦门口岸发现了一份最早的劳工契约。据文史专家何炳仲先生介绍，这份契约是清代咸丰元年（1851）八月十七日厦门人林庆（译音）通过英商德记洋行"招募"人到澳洲打工的合同英译件。中国的苦力买卖首先从厦门开始，厦门后来也成为契约华工出洋的最大中心之一。据不完全统计，至1853年3月，从厦门出口的契约华工人数达到

华工劳动契约

一万二千二百六十一人。而这些华工中，有很多是被骗卖的。

劳工契约实则是一份卖身契，和贩猪仔一样，都是苦力贸易的一种。这份劳工契约中提到的德记洋行，就位于今天厦门鼓浪屿海滨的大德记浴场。也许，叶亚来当年就是从这里被贩卖出去的。

然而，与贩卖苦力不同，早于叶亚来下南洋八十二年的罗芳伯等移民们的跨海出国却是自发性的。在没有苦力贸易出现时，他们所必须面临的是另一个困难——禁海令！

禁海时期，如果下南洋谋生，就必须逃过清政府的封锁，选择私渡出海。据史料记载，1772年，罗芳伯和几个同

劝告华人不要上当的印板拓片

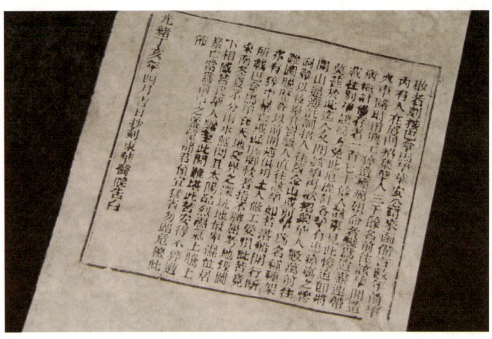

乡兄弟，在虎门码头乘船偷渡出海。

登上私渡船只的移民们，并不确定海洋的那头异域是否真是天堂，他们只能把自己的命运交付给汹涌澎湃的大海。经过四十五天的惊险漂流后，罗芳伯到达了当时的婆罗洲岛东万律。

然而，随着新大陆的发现、航海技术的革新，以及西方殖民主义的进一步扩张，飘洋过海的迁徙方式，也开始发生了变化。

根据记载，西方殖民者在沿海一带设立招工馆，以"发财去金山"的名义诱骗华人，签订契约，卖身出洋。当华工登上船只后，才发现所谓招工，只是一场骗局。

无论是私自渡海还是被贩卖出洋，当移民们把沉重的脚步踏入异国土地的时候，他们发现遍地黄金的故事背后，充满荆棘。

历经千难万险来到东南亚各国的移民们，用自己的聪明才智和艰辛劳作，改变了当地的面貌。他们或开矿拓荒，或种植橡胶，或修房筑路，以其心血汗水，在异国他乡浇铸下了一座座丰碑。

深受儒家思想影响的移民们，同时给当地带去了中国传统的儒家文化。根据记载，罗芳伯和叶亚来取得成功后，都在当地兴办华人学校，积极宣传中华文化。

如今，南洋一带仍流传着一句谚语："客家人开埠，广府人旺埠，潮州人占埠。"这个谚语，正是下南洋的华人从开荒到守业的真实写照。

葛剑雄：鸦片战争以后，特别是1850年以后，出现了新的情况。由于西方对殖民地劳动力的迫切需求，加上后来奴隶的贩卖被停止，所以产生更加巨大的劳动力缺口。那么一些外国人，就在东南沿海采取招募、诱骗甚至是绑架的办法，利用一批中国的中介，把大批华工输出去。

香港东华医院刻的警告大陆移民、主要是广东移民不要上当受骗的拓版

对于众多漂泊他乡的迁民来说，除了与自然、体力和雇佣方斗争外，他们心中最难以割舍和隐忍的，还有对故土和家乡的思念。

当时下南洋的人们在经历一个多月甚至二三个月的海上风浪洗礼，顺利到达目的地后，还未开始赚钱，他们就会先写几句话和两元钱一起寄回老家报平安。

表彰华人修建太平洋铁路的木板

这些曾经寄托移民乡愁的家书，如今已成为历史文物。它时刻向人们呈现着那段心酸苦楚的颠沛流离和思乡之痛。

经过艰苦奋斗，一些迁民成功了。他们没有忘记生养他们的地方。一封封家信、银票和水客证等等，都记录着他们回报家乡的拳拳之心。

桑梓情，赤子心。华工的后裔们至今情系故土，纷纷回国奉献。如今，东南沿海地区涌现出了一批著名的侨乡。

下南洋的历史，是华人坚韧不拔、开拓进取创造的奇迹，是一段为世人所传颂的开埠建业的悲怆往事。

曾经，众多华夏儿女从中原辗转迁至南方；以罗芳伯和叶亚来为代表的迁民，又从中国东南沿海走向了南洋。二十世纪，华夏子孙又将以南洋为起点走向世界。一个崭新的大迁时代即将来临。

葛剑雄：一部分华侨想到了叶落归根，就回来了。还有的人，也想到了自己发达以后，要光宗耀祖，要到家乡来做一点慈善。还有的有眼光人呢，想到了祖国一直弱的一个原因就是工业不发达，或者没有新的产业，所以就投资，来建工厂。我们看到中国很多新的产业，就是华侨回来建的，往往在当地都是比较先进的，起了积极的作用。

第十三集　大迁时代

这是人类历史上规模最大的人口流动，
它发生在中国每年春节的前后四十天。
认祖归宗、回归故里的浪潮愈演愈烈，
但这并非是逢山开路、作客他乡的迁徙活动。

千百年来，人们迁徙的脚步从未停止，从故土中原走向南方，走向海外，甚至更远。如今，有太阳的地方就有华人，华人成为世界上分布最广、人口最多的族群。

历史的脚步迈入现代，一个远离战争、和平安定的新世纪已经到来。然而，人们发现，古老的东方国度曾经发生的大迁徙故事还在延续。

今天，每个人都在路上，或随时间去向未来，或随坦途去向远方。那么，当下人们迁徙的动因又是什么？这些迁徙者们，又怀揣着怎样的心灵渴望呢？

2005年，河南省南阳市方城县的源书旭，收到了一封特殊的信件。信中，写信人声称自己也姓源，和源书旭是同宗同源。看完信件后，源书旭立即拨通了对方的电话。

源书旭老家所在的南阳方城县草场坡村，是个千人村

河南方城草场坡村

方城源姓家族

方城源氏长老介绍祖先墓地

落。其中，三百多户人口为源姓。

据考证，源氏的祖先是鲜卑族的一支。北魏时期，孝文帝迁都洛阳，鲜卑族也逐渐随之迁徙至中原地区，以后又南迁至各地。

这封意外的信件让源书旭兴奋不已，没想到先祖迁徙一千多年后，居然还能在南方地区找到自己的同宗兄弟。

信件的作者，是广东省江门鹤山市的源荣枝。这里的源

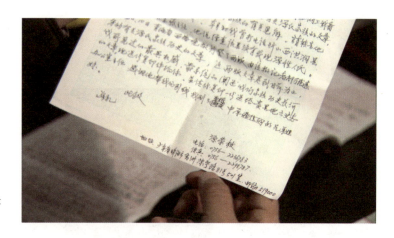

河南方城源书旭收到的源荣
枝的信件

氏居住鹤山霄乡村已经有八百多年。

在岭南平静地度过了八个世纪之久的源氏，并没有忘记
自己的祖根。几个世纪以来，鹤山源氏几代人踏上了漫漫的
寻根之路。终于，他们的愿望实现了。

专家发现，除了源氏之外，近年来，越来越多的人来到
中原地区寻根问祖。

回家过年的人流

被誉为人类历史上规模最大的人口流动，发生在中国每年春节前后四十天左右的时间里。据统计，这期间的人口流动达二十多亿人次。

然而，这样的人口流动区别于以往的任何一次迁徙。从古至今，还从未出现过像今天这样规模空前的流动现象。

这样的人口流动有个名字叫"春运"，这是中国近二十年出现的最独特的一种文化现象。来自不同地域的人们，纷纷踏上路途，不管来自哪里，路有多远，人们不顾一切，只为同一个目的——回家团圆。

在春节这个中国特有的传统节日里，漂泊在外的游子们回家的愿望就越发强烈。这种无法遏制的渴望，犹如滔滔洪流，无论再苦再累，都想回家看看。

这种中国独特的文化现象，所承载的绝对不仅仅是一次

雷明：一个人什么时候才真正有归宿感？是不是有了房子就有了？如果是这样的话，到外面租个酒店把身体放在里面就是了。真正的归宿感，是心理层面的，这个很重要。

山东蓬莱门楼村全景

雷明：人随着自己的发展，会去思考这样一个问题：我从哪里来？有了起点，我才谈得上去寻找自己的终点。如果我连起点都不知道，我每一分钟脚下都是起点，意味着我每一分钟都要去找方向，那么每天都伴随着我从哪里来的焦虑，这必须要解决。

迁徙、一次旅程；越来越快的步伐之中，蕴涵着许多值得探究的问题。

这分执着，来自他们对家的忠诚与守望。

回顾中华民族迁徙史，移民们何尝不是对家满怀向往、期盼与渴望？为了她，迁民们付出汗水、鲜血，甚至生命。可以想见，那些失去家园、抑或曾经失去亲人的移民的内心世界，是何等的悲惨与凄苦。

推开厚重的历史大门，一代代先祖们为了躲避战乱、寻求幸福生活的迁徙之路渐渐呈现。

从西晋开始到两宋，从元末到清初，被迫离家远走他乡的先祖们，迈开了迁徙的脚步。对于寄居者们来说，出于本能，寻找到一种归属感的愿望亦从未停止。

华夏儿女历经数次迁徙，至今仍有一部分人还在路上……然而，无论走到哪里，迁徙始终只有一个出发点；无

大连旅顺口闯关东移民的后裔周纯官

论漂泊何处，每一粒飘飞的种子，都知道自己来自何方。

1989年的春天，家住山东省蓬莱市门楼村的周可玉家，迎来了一位特殊的客人。

来找周可玉的人叫周纯官，是辽宁大连人。这已经是他第三次来到山东，寻找自己祖先的根脉和同姓族人。

根据周纯官带来的分家书记载，康熙五十四年（1715），周纯官的祖先周德纯、周德新兄弟，因为恶劣的生存条件而离开山东老家，登上一艘小渔船，渡海北上，迁

山东蓬莱闯关东后裔周可玉在写家书

徙到了今天的辽宁省大连市旅顺口区。

渡渤海，战风浪，冒生死，当年闯关东的周德纯兄弟怎么也不会料到，这一走，再也没有回到故里。

位于今大连市旅顺口一个叫做周家崴子的村，就是当年闯关东的周德纯兄弟建立的。村子从最初的两户人家，如今变成了已有两千多人的大村。世事变迁，沧海桑田，村里已

经鲜有人知道自己祖辈当年闯关东的故事，唯一证实祖上迁徙来源的，就是周纯官家传承了十二代的分家书。

时光荏苒，带着对祖先的崇敬与好奇，周纯官寻根的念头一天比一天强烈。他渴望寻找到打开祖辈闯关东传奇的钥匙，他梦想踏上哺育先祖的那片土地。

从上个世纪八十年代开始，周纯官开始了寻根之旅。

几年的寻找并非一帆风顺，但周纯官并没有因遭遇挫折而放弃念头，反而更加坚定了自己回归的信念。终于，在蓬莱市的门楼村，他找到了故里。

这样的相聚恍如隔世，似是前世的重逢。两百多年的时间，移民后裔寻亲的脚步从未停止。在经历了无数日夜的牵挂和失落后，曾经闯关东的周德纯兄弟魂归故乡。

每一次迁徙，都带有一分守望与痛楚。每个迁徙者的背后，都有一段迁徙的故事，他们，年轻时离家远行；终老，叶落他乡。他们的灵魂，渴望在最后的迁徙中归于故土。

如果把春运看作是一个短期的迁徙活动，透过这扇窗子，我们看到的是"家"把中华大地变成了一个巨大的情感磁场。反观中华民族的迁徙历程，先祖们何尝不也是把家当作精神寄托。家，可以迁，但故土却是永远不变的根。

不同的年代里，先祖们远离故土，在异国他乡以独有的方式生活着，开拓的艰辛没有使他们屈服。相反，他们以各种方式，同"根"保持着联系。

伴随着迁民们的播撒、成长与壮大，这种对"根"的寄托，最终成功地转变成为了对母体文化的传承。

1772年，罗芳伯由广东迁徙到婆罗洲岛后，始终认为南洋是中国文明传播的区域。为了宣传中华文化，罗芳伯在当地兴办汉文学校，并且聘请儒士执教，以学习中国传统文化为重点。

中华民族五千年的传统文化，已深深融于整个民族的肌体里，并产生了无可抗拒的凝聚力。

在广东梅州，有一座"德龙大桥"。修建这座桥的，是一个身世特殊的客家人——熊德龙。

除此之外，熊德龙还在梅州捐助修建了贤母桥、凤庚楼、德隆会堂、华侨博物馆和叶剑英纪念大桥等。多年来，

广东梅州德龙大桥

广东梅州贤母桥熊德龙捐建碑

广东梅州贤母桥

凤庚楼

广东梅州华侨博物馆

德龙会堂

广东梅州梅江桥

广东梅州剑英纪念大桥

旅印尼华侨熊德龙

他对中国的捐资已达四亿多元。但，谁能想到这个心系中国、情系梅州的客家人，却没有丝毫的中国血统？

1947年，熊德龙出生于印尼，兼有荷兰、印尼血统。出生后，他被遗弃于孤儿院，后来被旅居印尼的广东梅州籍华人熊如淡、黄凤娇夫妇收养。

在中国传统文化熏陶中长大的熊德龙，没有辜负中国养父母的期望，在沧桑坎坷的岁月中，画出了自己成功的轨迹。事业有成后，虽然身居海外，但熊德龙充满了中国情

熊德龙故居

熊氏故居中的先祖牌位

225

河南伏羲太昊陵祭祀队伍

怀,一直心系中国的发展。

无论走到哪里,熊德龙都以一个中国人自居,以一个客家人自豪。在他的精神世界里,中国就是他的故乡。

和熊德龙一样,对于迁徙海外的华人华侨来说,虽然最终他们把自己和家园留在了新的土地上,但他们内心总有一股挥之不去、欲说还休的情绪在涌动。

纵使迁民们在异国他乡不得不接受异地文化、不得不与

葛剑雄:很多人到伏羲太昊陵来祭拜,但很多人不知道自己的祖先是不是在这里出去的,他们寻找的是中华民族的根。

春节贴对联民俗

过年民俗——走故事

当地人融合，但时间和距离永远阻碍不了的，是血浓于水的乡情和他们幽幽的乡愁。

正是内心深处对于家园的渴望，对于精神深处归宿感的追求，促成了春节团圆、落叶归根和认祖归宗的移民热潮。

时间是一条永无休止的河流，裹挟在时间里的人们，从未停下迁徙的脚步——如同奔流不息的河水，从涓涓溪流，直到奔腾入海。

悠悠数千年过去，新的时代孕育了新的迁徙，没有风餐露宿，没有崎岖坎坷，没有寒风凛冽。飞速发展的科技，缩短了人们的距离、迁徙的旅程。人们通过行走，镌刻着中国现实的地理版图；用脚步，书写着一个新大迁徙时代的到来。

根，是埋藏在移民血液里的基因密码。寻根问祖，是中国人，尤其是移居他乡、飘零异国的炎黄子孙们，永远割舍不断的历史情结。

作为中华文明的诞生地之一，中原是中华民族的根，华夏儿女迁徙的脚步从这里迈出。奔腾不息的黄河之水作为一个民族寓言，在不断的迁徙之中将文明带向世界的各个角落，并通过与其他文明的碰撞与融合，焕发出了新的生机。

风筝，不管飞得多高，总会有一根细线结实地牵着。回归的现实意义，在于对华夏民族的认同、团结、凝聚与合作。回望历史，我们看到的是炎黄子孙筚路蓝缕、不畏艰辛、传播发扬中原文明的辛酸历程。时光荏苒，经过岁月的无限蹉跎，新时代的迁民，也将继续播撒中原精神和中华文明的光芒。

葛剑雄：古今中外的移民有个共同的特点：人往高处走。仔细分析，有两个动力：迁出地的推力。人为什么走？因为不满意、不得不走，穷、灾难、落后等等；另一方面是迁入地的拉力，迁出来到哪里呢？比如城市、文化高的地方。一推一拉，就形成了移民的流。我们看到改革开放后，很多人从农村迁徙到城市、从西部迁徙到东部，这样的迁徙还在进行。

葛剑雄：没有移民，就没有中国疆域，边疆都是移民开发的，这样才有了中国的疆土。华夏民族怎么形成？北方人到南方后，与当地人的结合，北方少数民族到中原与汉族融合。没有移民，也没有中国文化。主体移民传播主体文化，并不得不接受当地的文化。这样复杂的过程，形成了开放、包容的多元中华文明。

福建宁化客家祭祖大典用的祭祀旗帜

福建宁化巫氏的祭祖活动

人类的迁徙还在继续，因为他只有起点，没有终点。

历史上，中华民族经历过的大迁徙，其记忆大多是痛苦的，这种痛苦一代代延续，直到一个崭新时代的来临。

朝气蓬勃的新中国，在那一刻将中华民族迁徙的历史翻开了新的一页。

和历史上的大迁徙不同，新时期的迁徙，更多是为了理想的追求、梦想的实现。在改革开放的脚步下，中国又迎来了一个春天。

上个世纪八十年代，沿海经济特区的设立，让无数人看到了致富的希望，他们怀揣梦想，选择到南方、那个靠近大海的地方，去"下海"。

接踵而至的人群，开始在异地他乡寻找梦想，然而，这种迁移活动，随着迁徙脚步迈入新世纪之后，发生了巨变。

人们发现，在当下的迁徙浪潮下，寻根问祖现象越来越多。不过，这并非是以往那种逢山开路、做客他乡的迁徙活动，而是一次寻找精神归属的历程。那些隐秘于回归大潮背后的故事，充满了曲折。

透过袅袅的青烟，家园的模样和祖先的面容依稀尚在。

雷明：为什么海外华人会回来，他们已经完成了一次迁徙，他们在国外已经安家，但是一旦要回来寻根，依然是祭祖大典，所有这些仪式和国内都差不多。

　　古老的中原，沧桑的历史。这条大河两岸生长出的文明果实，哪一颗被中原先民带在身上、藏在心中、化在血里，直至成为他们的灵魂与信仰呢？

　　那就是东方的儒家思想！